Fuentes

Activities Manual

Workbook / Lab Manual / Scripts of Text Conversations / Workbook Answer Key

Activities Manual

Workbook / Lab Manual / Scripts of Text Conversations / Workbook Answer Key

Debbie Rusch
Boston College

Marcela Domínguez
University of California, Los Angeles

Lucía Caycedo Garner
University of Wisconsin–Madison

HOUGHTON MIFFLIN COMPANY **Boston** **Toronto**
Geneva, Illinois Palo Alto Princeton, New Jersey

Sponsoring Editor: Susan M. Mraz
Senior Development Editor: Sandra Guadano
Senior Manufacturing Coordinator: Priscilla J. Bailey
Senior Marketing Associate: Caroline Croley

CREDITS

page 49, © Bob Kramer/The Picture Cube; page 137, ***Hasta la muerte,*** Bequest of William P. Babcock, 1900, Courtesy, Museum of Fine Arts, Boston; page 146, Used by permission of Ford Motor; page 147, Reprinted by permission of Ayuda en Acción; page 147, © Apple Computer, Inc.; page 238, *Las Meninas* (Velázquez), Art Resource/Alinari; page 240, ***Las Meninas 1989***, collection of the artist.

ILLUSTRATIONS

Anna Veltfort: pages 24, 25, 36, 49, 66, 83–85, 131, 197, 200, 216

MAPS

Patty Isaacs/Parrot Graphics: pages 38, 208

Printed in the U.S.A.

ISBN: 0-395-69724-7

12-13-14-15BB-03 02 01 00 99

Contents

To the Student

The *Fuentes Activities Manual* is organized into four parts:

- Workbook
- Lab Manual
- Scripts of Text Conversations
- Workbook Answer Key

Workbook and Answer Key

The Workbook activities are designed to reinforce the material presented in *Fuentes: Conversación y gramática*. These activities will help you develop your language ability and your writing skills.

Each chapter of the Workbook follows the order of presentation of material in your text. Contextualized activities progress from controlled to open-ended ones in order to allow you to gain the necessary practice with structures and vocabulary before expressing your own opinions, wants, and needs. As you progress through each text chapter, you should do the related Workbook activities as they are assigned by your instructor.

Student annotations precede some activities to give you additional information or to help you better focus your responses. Specific tips dealing with grammar topics are also provided to assist you.

You will find the answers to the Workbook activities at the end of this Activities Manual.

Here are some recommendations for making the most of the Workbook:

- Do the activities *while* studying each chapter. Do not wait until the day before the quiz or the day before you have to hand it in. Working little by little—every day—will increase your knowledge of the Spanish language, improve your retention of the material studied, and improve your final grade in the course.
- Before doing the activities, review the vocabulary and grammar sections in the text.
- Do the exercises with the text closed.
- Say what you have learned to say, especially when doing open-ended activities. Be creative, but try not to overstep your linguistic boundaries. Keep in mind the chapter's focus at all times.

- Try to use bilingual dictionaries sparingly.
- Check your answers with the Answer Key after doing each activity. When the answers are specific, mark all the incorrect ones in a different color ink. When the Answer Key says "Answers will vary" and then offers a tip, such as "Check adjective-noun agreement," make sure that you do what the tip tells you to do. In some instances the Answer Key merely says "Answers will vary" and offers no tips for correction. In these cases, you are normally asked to state an opinion or give a preference. Always double-check all open-ended answers, applying what you have learned.
- Remember that you *will* make mistakes and that this is part of the learning process. It is important to check incorrect responses against grammar explanations and vocabulary lists. Make notes to yourself in the margin to use as study aids. After having gone through this process, if there is something you still do not understand, ask your instructor for a clarification.
- Remember that it is more important to know *why* an answer is correct than to have merely guessed the correct response.
- Use the notes you have written in the margins to help prepare for exams and quizzes.
- If you feel you need additional work with a particular portion of a chapter, do the corresponding exercises in the Computer Study Modules. These are available in Macintosh and IBM formats and can be copied for home use at no cost to you.

Lab Manual and Text Conversations

The activities in the Lab Manual are designed to help improve your pronunciation and listening skills. The Lab Manual activities should be done near the end of each textbook chapter and before any exams or quizzes. Each chapter contains four parts:

- A pronunciation section is provided in the first six chapters of the lab program. It contains an explanation of the sounds and rhythm of Spanish, followed by pronunciation exercises.
- A comprehension section presents numerous listening activities. As you listen to these recordings, you will be given a specific task to perform (for example, complete a telephone message as you hear the conversation).
- The final activity in each chapter is usually a "semi-scripted" conversation between two native speakers. They were given a topic to discuss and their spontaneous language was not edited for level or grammatical structures.
- Each Lab Manual chapter ends with a recording of the corresponding chapter conversation from *Fuentes: Conversación y gramática*. The scripts for these conversations follow the Lab Manual portion of this Activities Manual. You may want to look at the script as you listen to the chapter conversations. This will help you to review for quizzes and exams.

Listening strategies are explained and practiced in most chapters. By learning about and implementing these strategies, you will improve your ability to comprehend the Spanish language over the course of the year.

Here are some suggestions to consider when doing the Lab Manual activities:

- While doing the pronunciation activities, listen carefully, repeat accurately, and speak up.
- Read all directions and items before doing the listening comprehension activities. This will help you focus on the task at hand.
- Pay specific attention to the setting and type of spoken language (for example, an announcement in a store, a radio newscast, or a conversation between two coworkers).
- Before doing some activities, you may be asked to turn off the tape and make a prediction. The purpose of these activities is to put you in the proper mind-set to better comprehend. This is an important step and should be done with care.
- Do not be concerned with understanding every word; your goal should be simply to do the task that is asked of you in the activity.
- Replay the tape as many times as needed.
- Your instructor may choose to correct these activities or provide you with an answer key. In any case, after correcting your work, listen to the tape again to hear anything you may have missed.

Conclusion

Through conscientious use of the Workbook and Lab Manual, you should make good progress in your study of Spanish. If you need additional practice, try the Computer Study Modules, which can provide a solid review before exams or quizzes.

Workbook

NOMBRE ______________________________ FECHA ________________

Capítulo preliminar

Actividad 1: La lógica. Lee las oraciones de la columna A y busca una respuesta lógica de la columna B.

A		B
1. Me llamo Andrés, ¿y tú?	_____	a. Rodríguez.
2. ¿Cuál es tu especialización?	_____	b. 22.
3. ¿Cuál es tu apellido?	_____	c. Illinois.
4. ¿Cuántos años tienes?	_____	d. Antonio.
5. ¿En qué año de la universidad estás?	_____	e. Tercero.
		f. Ingeniería.

Actividad 2: Datos personales. Contesta estas preguntas con oraciones completas.

1. ¿Cómo te llamas? ______________________________
2. ¿Cuál es tu apellido? ______________________________
3. ¿Cuántos años tienes? ______________________________
4. ¿De dónde eres? ______________________________
5. ¿Estás en primer, segundo, tercer o cuarto año de la universidad? ______________
____

Actividad 3: Preguntas. Lee esta conversación entre Ana, una estudiante, y el Sr. Peña, su nuevo profesor. Después, rellena los espacios con las siguientes palabras: **cómo, cuál, cuáles, cuándo, cuántas, cuántos, de dónde, dónde, por qué, qué,** o **quién.**

Sr. Peña: Soy el Sr. Peña. ¿______________ te llamas?

Ana: Ana. Ana Maldonado.

Sr. Peña: Encantado.

Ana: Igualmente.

Sr. Peña: ¿______________ eres?

Ana: De Cali.

Sr. Peña: Pues yo también. ¿Y ______________ es tu apellido?

Ana: Palacios.

Sr. Peña: ¿Y tu segundo apellido?

Ana: Montes.

Sr. Peña: ¿______________ vive tu familia?

Ana:	En la calle 8, número 253. ¿_______________ quiere saber?
Sr. Peña:	Es una casa grande con muchas flores en las ventanas y tu hermano se llama Rogelio, ¿no?
Ana:	¿_______________ sabe Ud. todo eso?
Sr. Peña:	Porque mi familia vive en el número 255.
Ana:	¡No me diga!

Actividad 4: Las materias. Usa la siguiente lista de materias para clasificarlas según las indicaciones.

administración de empresas	cálculo	estudios de la mujer	japonés	química
alemán	ciencias políticas	estudios étnicos	latín	relaciones públicas
anatomía	cine	filosofía	lingüística	ruso
antropología	computación	geometría analítica	literatura	sociología
arqueología	comunicaciones	historia	mercadeo	teatro
arte	contabilidad	ingeniería	música	teología
astronomía	economía		pedagogía	zoología
			psicología	

Humanidades	Ciencias	Negocios
____________________	____________________	____________________
____________________	____________________	____________________
____________________	____________________	____________________
____________________	____________________	____________________
____________________	____________________	____________________

Actividad 5: Tus preferencias. Usa la lista de materias de la Actividad 4 para contestar estas preguntas.

1. ¿Qué cursas este semestre? ____

   ____

2. ¿Cuál es tu especialización? ____

   ____

3. ¿Cuál es la materia más difícil para ti? ____

   ____

4. ¿Cuál es la materia más fácil para ti? ____

   ____

5. ¿Cuál es la especialización más fácil de tu universidad?____

   ____

6. ¿Cuál es la especialización más popular de tu universidad? ____

   ____

NOMBRE ______________________________ FECHA ______________

Actividad 6: Las facultades. Asocia las facultades de la columna A con las materias que ofrecen de la columna B. Puede haber más de una posibilidad para cada facultad.

A. Facultades

1. Filosofía y Letras ________
2. Derecho *(Law)* ________
3. Medicina ________
4. Negocios ________
5. Biología ________

B. Materias

a. sociología
b. contabilidad
c. francés
d. relaciones públicas
e. zoología
f. anatomía
g. mercadeo
h. ciencias políticas
i. computación
j. estudios étnicos

Actividad 7: Los horarios. Completa los horarios de dos estudiantes típicas. Mira la especialización de cada uno y decide qué clases deben tomar. Escribe seis materias para cada estudiante (puedes usar la lista de la Actividad 4).

Victoria León, estudiante de medicina

Hora	lunes	martes	miércoles	jueves	viernes
8′30–9′30					
9′45–10′45					
11′00–12′00					
12′15–1′15					
1′30–2′30					
2′45–3′45					
4′00–5′00					

Cruz Lerma, estudiante de economía

Hora	lunes	martes	miércoles	jueves	viernes
8′30–9′30					
9′45–10′45					
11′00–12′00					
12′15–1′15					
1′30–2′30					
2′45–3′45					
4′00–5′00					

Actividad 8: El horario de Beatriz. Lee el horario de Beatriz y contesta las preguntas con oraciones completas. Escribe la hora en palabras.

Hora	lunes	martes	miércoles	jueves	viernes
8′30–9′30	mercadeo		mercadeo		mercadeo
9′45–10′45	cálculo	inglés	cálculo	inglés	cálculo
11′00–12′00	economía	inglés	economía	inglés	economía
12′15–1′15	relaciones públicas	computación	relaciones públicas	computación	relaciones públicas
1′30–2′30					
2′45–3′45					
4′00–5′00	Clase de karate en el club de Pedro				

1. ¿A qué hora es la primera clase de Beatriz los lunes? ____________________

2. ¿A qué hora es su primera clase los martes y jueves? ____________________

3. ¿A qué hora termina ella las clases en la facultad? ____________________

4. ¿Qué clase cursa en el club de Pedro y a qué hora es? ____________________

5. ¿Estudia Beatriz medicina, negocios, derecho u otra cosa? ____________________

6. ¿Cuándo puede almorzar? ____________________

Actividad 9: Las preferencias.

Parte A: Completa estas frases con las palabras necesarias, por ejemplo: **A él __le__.**

1. A _______ te
2. _______ _______ me
3. A Juan y _______ mí _______
4. _______ Marta _______
5. _______ Uds. _______
6. _______ Ud. _______
7. _______ Rafael y _______ _______ nos
8. _______ Pedro y _______ Ana _______
9. _______ _______ les
10. _______ Sr. Ramírez y _______ _______ Sra. Bert _______

Parte B: Termina estas frases con la forma correcta del verbo indicado, por ejemplo:
__gustan__ las clases. (gustar)

1. ______________ los profesores de esta universidad. (caer mal)
2. ______________ los laboratorios. (fascinar)
3. ______________ la actitud de los estudiantes. (disgustar)
4. ______________ hablar de política. (molestar)
5. ______________ los trabajos escritos. (encantar)
6. ______________ hacer investigación en la biblioteca. (interesar)
7. ______________ los problemas sociales. (importar)
8. ______________ ir a todos los partidos de fútbol. (fascinar)

Parte C: Usando una frase de la Parte A y una frase de la Parte B, forma cinco oraciones diferentes.

1. ______________________________
2. ______________________________
3. ______________________________
4. ______________________________
5. ______________________________

Actividad 10: Tus preferencias. Usa la forma correcta de los siguientes verbos para indicar tus preferencias: **fascinar, encantar, gustar, caer bien/mal, no importar, interesar, disgustar, molestar.**

1. ______________ leer novelas.
2. ______________ usar computadoras IBM.
3. ______________ mis clases este semestre.
4. ______________ mis profesores este semestre.
5. ______________ tener estudiantes graduados como profesores.
6. ______________ las clases con mucha participación oral.
7. ______________ hacer experimentos en las clases de ciencia.
8. ______________ tener exámenes con frecuencia en vez de un solo examen al final del curso.
9. ______________ los exámenes orales.

Actividad 11: Clasifica. Usa esta lista de adjetivos para completar las oraciones que siguen. Es posible usar el mismo adjetivo varias veces.

aburrido/a	cómico/a	encantador/a	insoportable	pesado/a
activo/a	conservador/a	enorme	intelectual	rígido/a
admirable	corto/a	estricto/a	interesante	sabio/a
atento/a	creativo/a	fácil	justo/a	sensato/a
brillante	creído/a	grande	largo/a	sensible
capaz	difícil	hiperactivo/a	lento/a	tranquilo/a
cerrado/a	divertido/a	honrado/a	liberal	

1. Los profesores excelentes son ________________, ________________ y ________________ y no son ________________.
2. Una clase interesante es ________________, ________________ y ________________ y no es ________________.
3. Un amigo bueno es ________________, ________________ y ________________ y no es ________________.
4. Una hermana fantástica es ________________, ________________ y ________________ y no es ________________.
5. Unos padres buenos son ________________, ________________ y ________________ y no son ________________.

Actividad 12: Tu futuro inmediato. Contesta estas preguntas sobre tu futuro.

1. ¿Vas a cambiar tu horario este semestre o te gusta tu horario? ________________
____
2. ¿Qué materias vas a cursar el semestre que viene? ________________
____
3. ¿Qué profesor/a va a dar los exámenes más difíciles este semestre? ________________
____
4. ¿En cuáles de tus clases vas a recibir buena nota este semestre? ________________
____
5. ¿Cuándo vas a tener tu primer examen este semestre y en qué clase? ________________
____

NOMBRE ________________________________ FECHA ______________

> **NOTE:** *In this workbook you will be asked to write about personal topics, such as your family, friends, feelings, and opinions. Feel free to express yourself truthfully or to make up responses. At no time are you obligated to actually tell the truth. The point is to create with language and to improve your communication skills.*

Actividad 13: Miniparrafos. Completa estos párrafos sobre tus gustos de una forma lógica.

Me encanta mi clase de ______________________ porque ______________________

____

____

____.

(Marca "mal" o "bien" y "profesor" o "profesora" antes de escribir este párrafo.)

Me cae {bien / mal} mi {profesora / profesor} de ________________ porque ________________

____

____

____.

Me molestan las personas que son ______________________________

________________ porque ______________________________

____

____

____.

Actividad 14: Tu horario. Completa este horario con tus clases y después contesta las preguntas que siguen.

Mi horario de clases:

Hora	lunes	martes	miércoles	jueves	viernes

1. ¿Cuáles de tus clases te encantan? ______________________________

2. ¿Cuál es tu clase más fácil? ______________________________

3. ¿Cuál es tu clase más difícil? ______________________________

4. ¿Te caen bien tus profesores? ______________________________

5. ¿Cuál es tu clase más grande? ¿Cuántos estudiantes hay en esa clase? ______________________________

6. ¿Cuál es tu clase más pequeña? ¿Cuántos estudiantes hay en esa clase? ______________________________

7. Como es el principio del semestre, ¿vas a cambiar o dejar alguna clase? ______________________________

8. ¿Te molesta la hora, el/la profesor/a, la cantidad de trabajo u otro aspecto de tus clases?
____

Capítulo 1

Actividad 1: Miniconversaciones. Completa las siguientes conversaciones. Primero, lee la conversación y escoge el verbo apropriado. Después, escríbelo usando la forma correcta.

1. — ¿_______________ tú a Ramón Valenzuela?
   — Claro que sí, y _______________ a su padre también. (regresar, conocer)
2. — Cuando Uds. _______________ a bailar, ¿adónde van?
   — Si _______________ temprano, vamos al Gallo Rojo y si _______________ tarde, vamos a La Estatua de Oro.
   — Yo no _______________ mucho, pero normalmente voy al Gallo Rojo también. (hacer, salir)
3. — ¿Dónde _______________ Ud.?
   — En junio, julio y agosto _______________ en Bariloche o Las Leñas en Argentina, y en enero, febrero y marzo _______________ en el Valle de Arán en los Pirineos en España. Tengo que estar preparada para las Olimpiadas. (correr, esquiar)
4. — Mis abuelos y mis tíos viven a una hora de aquí ahora.
   — Entonces, ¿_______________ a tus parientes con frecuencia?
   — Sí, _______________ a mis abuelos todos los domingos para comer. Mi abuela es una cocinera excelente y siempre prepara algo delicioso. (visitar, comer)
5. — ¿Qué video va a _______________ Ud.? *¿Mujeres al borde de un ataque de nervios* o *La historia oficial?*
   — Yo siempre _______________ dramas, entonces *La historia oficial*. (escoger, practicar)
6. — Alfredo, ¿_______________ a Juan con frecuencia?
   — _______________ a Tomás, pero a Juan no. No estamos en la misma oficina ahora. (charlar, ver)

Actividad 2: La vida estudiantil. Usa las acciones de la siguiente lista para escribir oraciones para describir a los estudiantes que conoces.

ahorrar dinero
alquilar videos
asistir a todas las clases
bailar en discotecas
comer bien
contribuir a discusiones
escuchar música clásica
estudiar más de 20 horas por semana
faltar a más de dos clases por semana
flirtear en las fiestas
gastar dinero
hacer dieta
hacer ejercicio
hacer gimnasia
pasar una noche en vela
practicar deportes
sacar buenas notas
salir con sus profesores
trabajar 40 horas por semana
vivir con sus padres

Cosas que hacen los estudiantes con frecuencia:

1. Alquilan videos.
2. ______
3. ______
4. ______
5. ______
6. ______
7. ______
8. ______

Cosas que no hacen los estudiantes normalmente:

1. No trabajan 40 horas por semana.
2. ______
3. ______
4. ______
5. ______
6. ______
7. ______
8. ______

Actividad 3: Los buenos y los malos. Contesta estas preguntas sobre las acciones de los estudiantes de una manera original.

1. ¿Cuáles son tres cosas que hace un estudiante en clase cuando está aburrido?

______

______

______

2. Cuando un estudiante falta a clase, ¿cuáles son tres cosas que hace en vez de ir a clase?

____

____

____

3. ¿Cuáles son tres actividades que hacen los estudiantes en vez de estudiar por la noche?

____

____

____

4. ¿Qué hacen los estudiantes los fines de semana que normalmente no hacen durante los días de clase?

____

____

____

Actividad 4: Tus hábitos. Contesta estas preguntas sobre tus costumbres.

1. ¿Cuántas horas por semana estudias normalmente? ______________________

____

2. ¿Faltas a muchas clases o a pocas clases en un semestre? ______________________

____

3. ¿Participas en tus clases o no contribuyes mucho? ______________________

____

4. ¿Escoges clases con profesores buenos e inteligentes o clases fáciles? ______________________

____

5. ¿Cuándo haces investigación? ¿Al último momento o con anticipación? ______________________

____

6. ¿Pasas muchas noches en vela antes de tus exámenes o estudias con anticipación? ______

____

7. ¿Sacas buenas notas o notas regulares? ¿Por qué? Según tus respuestas a las preguntas 1 a 6, ¿tienes buenos o malos hábitos de estudio? ______________________

____

____

Actividad 5: Un dilema. Una estudiante escribió la siguiente carta a una revista para pedir consejos. Completa la carta con los verbos apropiados de las listas que están al lado de cada párrafo. Es posible usar los verbos más de una vez.

asistir
compartir
estar
faltar
fotocopiar
ir
ser
tomar

Querida Esperanza:

Yo __________________ una estudiante buena y estoy en tercer año de la carrera universitaria. Este año, mi hermana menor __________________ conmigo. Nosotras __________________ un apartamento cerca de la universidad. Yo __________________ a todas mis clases, pero ella __________________ a clase con frecuencia. Cada semana ella tiene 18 horas de clase pero sólo __________________ a 10 horas de clase. Ella dice que no es problemático porque los otros estudiantes __________________ apuntes y ella __________________ todo.

bailar
beber
comer
escoger
gastar
hacer
manejar
molestar
pasar
salir

Ella siempre __________________ clases fáciles. A ella no le gusta __________________ investigación y por eso sólo __________________ clases con exámenes y sin trabajos escritos. Creo que está muy bien por un semestre, pero me __________________ mucho su actitud. Ella no estudia mucho, pero __________________ mucho con sus amigas. Ellas __________________ en las discotecas, __________________ en restaurantes y __________________ mucha cerveza. Una cosa buena es que no __________________ porque no tienen carro y tampoco tienen dinero para gastos necesarios porque __________________ todo el dinero en los bares y en las discotecas. Luego, como pasa el tiempo divirtiéndose, cuando ella tiene exámenes, siempre __________________ noches en vela y eso no es bueno.

discutir
saber
sacar
ser

Yo __________________ responsable e inteligente, pero no __________________ qué hacer con mi hermana. Si ella continúa así va a __________________ muy malas notas y va a tener una vida muy difícil. No puedo hablar con ella porque últimamente nosotras sólo __________________. ¿Qué puedo hacer?

Responsable pero desesperada

Actividad 6: ¿Cuánto tiempo hace que ... ? Contesta las siguientes preguntas sobre tu familia usando oraciones completas (incluye un verbo en cada respuesta). ¡OJO! Según tus respuestas, es posible no tener que contestar todas las preguntas.

> **NOTE:** *Remember to use* **hace** + *time expression* + *present tense of verb when stating how long an action has been going on. When you are not exactly sure of the duration, insert* **como** *before the time period.*

1. ¿Dónde viven tus padres? ______________________
¿Cuánto tiempo hace que viven allí? ______________________

____

¿Te gusta la ciudad dónde viven ellos? ______________________

____

2. ¿Trabaja tu padre o está jubilado? Si trabaja, ¿dónde trabaja y qué hace? ____________

____

Si trabaja, ¿cuánto tiempo hace que trabaja? Si está jubilado, ¿cuánto tiempo hace que está jubilado? ______________________

____

¿Y tu madre? ______________________

____

____

____

3. ¿Cuánto tiempo hace que estudias en esta universidad? ______________________

____

¿Dónde vives? ¿En una residencia estudiantil, en un apartamento, con tu familia? ______
¿Cuánto tiempo hace que vives allí? ______________________

____

4. Si no vives con tu familia, ¿con quién o quiénes vives? ______________________

____

¿Te caen bien o mal tus compañeros? ¿Por qué? ______________________

____

Actividad 7: Clasifica.

Parte A: Clasifica los siguientes verbos según las categorías indicadas.

ahorrar	conocer	empezar	pedir	probar	servir
almorzar	costar	encontrar	pensar	querer	soler
cerrar	decir	entender	perder	repetir	tener
comenzar	dormir	jugar	poder	sacar	venir
compartir	elegir	manejar	preferir	seguir	volver

e ➡ ie	**o ➡ ue**	**e ➡ i**	**u ➡ ue**	**Verbos sin cambios de raíz** *(stem)*

Parte B: Pon una estrella (*) después de los verbos que tienen una forma irregular o un cambio ortográfico ***(change in spelling)*** en la primera persona (la forma de **yo**) del presente del indicativo.

Actividad 8: Miniconversaciones. Completa las siguientes conversaciones. Primero, lee la conversación y escoge el verbo apropiado. Después escríbelo usando la forma correcta.

1. — No sé qué hacer con mi clase.
   — ¿Qué pasa?
   — Los estudiantes no ____________________ mis explicaciones.
   — ¿Quieres ir a mi clase para ver lo que hago yo? (preferir, entender)
2. — ¿Qué ____________________ hacer Uds. en el futuro?
   — Después de casarnos, ____________________ vivir en un apartamento que ahora alquila mi madre. (comenzar, pensar)

NOMBRE ______________________________ FECHA ______________

3. — ¿A qué hora ______________ la exhibición en la galería?
   — ______________ a las ocho en punto, pero el cóctel y la música ______________ a las seis y media. (empezar, venir)
4. — Juan es estudiante y trabaja sólo 10 horas por semana, pero siempre ______________ dinero.
   — Es increíble, ¿no? Yo no ______________ nada y gasto muy poco. (ahorrar, costar)
5. — ¿______________ Francisca sus apuntes contigo?
   — Francisca es muy egoísta. No ______________ nada con nadie. (compartir, pedir)
6. — ¿Qué ______________ Alejandro de sus vecinos?
   — No mucho. Pero nosotros ______________ que ellos están locos. (probar, decir)
7. — ¿______________ Uds. a la facultad para asistir a las conferencias este fin de semana?
   — José Carlos ______________ el viernes por la tarde, pero Marcos y yo ______________ el sábado. (dormir, venir)

Actividad 9: La respuesta. En la Actividad 5, completaste una carta de una estudiante. Ahora vas a completar la respuesta a esa carta. Primero, lee la carta de la Actividad 5. Segundo, lee la respuesta. Tercero, completa la carta con las formas correctas de los verbos que están al lado de cada párrafo. Se pueden usar los verbos más de una vez.

empezar
entender
ir
poder
probar
ser

Querida Responsable pero desesperada:

¿Qué ______________ hacer tú? Absolutamente nada. Tu hermana no es una niña pequeña, ya ______________ una mujer joven y las mujeres jóvenes toman sus propias decisiones. Algunas van a ser buenas y otras ______________ a ser malas. Ella es rebelde y, por eso, ______________ todo. En este momento tu hermana no ______________ las consecuencias de sus actos. Pronto va a ______________ a ser más responsable.

cerrar
pedir
poder
querer
seguir
ser

Si ______________ ser una hermana buena, no ______________ criticar todo. Si ella ______________ ayuda, entonces puedes dar tu opinión. Si tú ______________ con tu crítica, ______________ la puerta de la comunicación con ella. Debes aceptar que tú no ______________ su madre sino su hermana y que hay mucha diferencia.

Con esperanza de Esperanza

Actividad 10: Los estudiantes en general y Uds. Vas a escribir una serie de oraciones de dos formas: primero, para describir a los estudiantes en general, y segundo, para describirte a ti y tus amigos.

1. dormir bien cada noche
   Los estudiantes: Ellos ____________ Tus amigos y tú: Nosotros ____________
   ____________ ____________
2. soler beber mucho alcohol en las fiestas
   Los estudiantes: ____________ Tus amigos y tú: ____________
   ____________ ____________
3. tener mucho tiempo libre
   Los estudiantes: ____________ Tus amigos y tú: ____________
   ____________ ____________
4. querer vivir en las residencias estudiantiles
   Los estudiantes: ____________ Tus amigos y tú: ____________
   ____________ ____________
5. preferir alquilar apartamento
   Los estudiantes: ____________ Tus amigos y tú: ____________
   ____________ ____________
6. soler participar en actividades culturales de la universidad
   Los estudiantes: ____________ Tus amigos y tú: ____________
   ____________ ____________
7. pensar en la ecología
   Los estudiantes: ____________ Tus amigos y tú: ____________
   ____________ ____________
8. pensar votar en las siguientes elecciones
   Los estudiantes: ____________ Tus amigos y tú: ____________
   ____________ ____________

Según tus oraciones, ¿son tus amigos y tú estudiantes típicos o atípicos? ¿Por qué?

____

____

____

____

Actividad 11: Miniconversaciones. Completa estas conversaciones con **a, al, a la, a los, a las,** o deja el espacio en blanco cuando sea necesario.

> *NOTE: Many uses of* **a** *appear in the conversations in* **Actividad 11**, *not just the personal* **a.**

1. — ¿Vas __________________ venir?
   — No puedo. Tengo que visitar __________________ Sra. Huidobro. Está en el hospital, ¿sabes?
   — No, no lo sabía.
2. — El presidente tiene __________________ sus hijos en una escuela privada, ¿verdad?
   — Sí, creo que sí. Es normal, ¿no crees?
3. — Todos los días mi vecina de 105 años cuida __________________ sus plantas, lleva __________________ sus bisnietos al colegio y visita __________________ su hijo que está en una casa de ancianos.
   — Es una mujer increíble.
4. — ¿__________________ padre de Beto le gusta la música de Juan Luis Guerra?
   — Le fascina. Escucha __________________ su cinta *Arieto* todos los días en el carro.
5. — Buscamos __________________ jugadores de basquetbol.
   — Nosotros jugamos al basquet.
   — Es que queremos formar __________________ una liga para jugar todos los sábados. ¿Les interesa jugar?
   — ¿__________________ nosotros? ¡Claro!
6. — ¿Cuántos empleados tiene la fábrica nueva?
   — Tiene __________________ 235 personas.
   — ¿Tantas? No sabía.
7. — Bueno, yo traigo __________________ tortillas, __________________ salsa y __________________ guacamole a la fiesta. ¿Y tú?
   — Traigo __________________ Verónica.
   — ¡Oye! ¡No es justo!

Actividad 12: ¡Qué viaje!

Parte A: Paula acaba de llegar a Oaxaca, México, con un grupo de estudiantes norteamericanos para hacer un curso de verano y le escribe una carta a un amigo mexicano que vive en los Estados Unidos. Completa la carta con **a, al, a la, a los, a las** o deja el espacio en blanco cuando sea necesario.

Oaxaca, 25 de julio

Querido Alberto:

Por fin estoy con mi familia mexicana en Oaxaca después de un viaje muy largo. Todavía no tengo mi ropa, pero la aerolínea dice que las maletas van __________________ llegar pronto. No sé por qué, pero siempre pierdo __________________ las maletas. Conozco __________________ otros del grupo, pero quiero hacerme amiga de los mexicanos. Me dicen que tengo que conocer __________________ Sr. Beltrán, uno de los directores de nuestro grupo que es muy gracioso.

Mi familia es fabulosa. La madre prepara __________________ comida deliciosa y creo que ya peso dos kilos más. Mis hermanos mexicanos son muy extrovertidos y tocan __________________ la guitarra muy bien. Dicen que por la noche cantan __________________ serenatas para sus novias. No sé si es verdad o no, pero sí sé que son muy divertidos. __________________ muchachos les gusta salir con frecuencia.

__________________ mí me encanta tu país y quiero volver el verano que viene. __________________ todos los del grupo nos fascinan, más que nada, los colores. Se ven colores brillantes por todos lados. Creo que voy __________________ comprar mucha artesanía. Conozco __________________ un artesano fabuloso. Se llama Javier Mejía y en su tienda vende __________________ figuras de papel maché. Quiero aprender __________________ hacer estas figuras. Ahora pienso buscar __________________ un profesor de artesanía típica.

Por la mañana, asistimos __________________ clase tres horas y el resto del tiempo visitamos __________________ museos o ruinas zapotecas. Todos los días aprendemos __________________ palabras nuevas muy útiles. Vamos __________________ ir a Monte Albán mañana y __________________ Mitla la semana que viene. Algún día quiero __________________ trabajar de arqueóloga y poder excavar ruinas.

Bueno, me tengo que ir. Javier y yo vamos __________________ Cafetería Palacio esta tarde, después __________________ cine y más tarde pensamos ir __________________ un restaurante. Es muy simpático, ¿sabes? Saludos __________________ todos mis amigos.

Besos y abrazos de

Paula

Parte B: La forma de escribir una carta en español varía un poco de como se escribe en inglés. Contesta estas preguntas para aprender cómo se escribe una carta en español.

1. En inglés empezamos con la fecha. En español también debes incluir la fecha, pero hay algo antes. ¿Qué es? ____
____

2. ¿Quién escribe la carta de la Parte A? ______________ ¿Quién recibe la carta? ______________ ¿Son amigos o es una carta formal? ______________ En inglés escribimos coma después del saludo *(Dear Alberto,)*. ¿Qué usan en español: coma o dos puntos? ______________
3. La despedida de la carta dice **Besos y abrazos de Paula.** ¿Son simplemente amigos o son novios Paula y Alberto? ______________

____

Actividad 13: El árbol genealógico. Mira el árbol genealógico en la página 27 de tu libro de texto, *Fuentes: Conversación y gramática,* para terminar las siguientes oraciones de una forma lógica.

1. El ______________ de Estela está muerto, pero todavía vive su ______________, María García Sánchez.
2. Teresa López Agote es la ______________ de Andrés y Maricarmen.
3. Fernanda y Juan son los ______________ de Jorge, pero están ______________ .
4. Jorge es el ______________ de Hernán.
5. David es el ______________ de María Cristina y Gabriel.
6. Isabel es la ______________ de Fernanda.
7. Gabriel es el ______________ de Hernán.
8. Lucía es ______________. No tiene hermanos.
9. Valeria está ______________ , pero no piensa casarse otra vez.
10. Hernán está ______________ con Fernanda y tienen una ______________ que se llama Dolores.

Algo extra: ¿Cuáles son los apellidos de Hernán? ______________ ______________

Actividad 14: Los parientes. Completa estas oraciones sobre familias famosas.

> ☞ *NOTE:* **padres** = *parents,* **parientes** = *relatives.*

1. Paloma Picasso es la ______________ de Pablo Picasso, el artista famoso.
2. Chelsea Clinton no tiene hermanos, es la ______________ de Hillary y Bill Clinton.
3. Nancy Reagan es la ______________ de Patty Davis.
4. Arnold Schwarzenegger es el ______________ de Ted Kennedy porque está ______________ con María Shriver, la ______________ de Ted Kennedy.
5. Lady Di está ______________ del Príncipe Carlos de Inglaterra.
6. Shirley MacLaine y Warren Beatty son ______________ .

7. Yoko Ono es ____________________ porque su esposo, John Lennon, está ____________________.

Actividad 15: Tus parientes. Contesta estas preguntas sobre tu familia.

1. ¿Cómo se llaman tus abuelos paternos? ¿Y tus abuelos maternos? ¿Sabes cómo se llaman tus bisabuelos? ____________________

   ____

   ____

   ¿Están muertos o vivos? ____________________

   ____

2. ¿Cuántos nietos tienen tus abuelos maternos? ¿Y tus abuelos paternos? ____________________

   ____

3. ¿Tienes un hermano casado o una hermana casada? ____________________

   ____

4. ¿Cuántos sobrinos tienes ? ____________________

   Si tienes sobrinos, ¿cuántos años tienen? ____________________

   ____

5. ¿Tienes hermanastros? ____________________

   ____

6. ¿Tienes un tío divorciado o una tía divorciada? ____________________

   ____

7. ¿Quién es tu primo/a favorito/a? ____________________

   Explica tu relación con él/ella, por ejemplo: es el hijo de mi …

   ____

Actividad 16: Los chistes. En muchas culturas se cuentan chistes *(tell jokes)* sobre las suegras. ¿Por qué ocurre eso? ¿Hacen las suegras algo que molesta a otras personas? ¿Son justos estos chistes? ¿Existen chistes sobre los suegros también? ¿Por qué sí o no? Después de pensar en estas preguntas, escribe tus opiniones.

____

____

____

____

____

____

NOMBRE ______________________ FECHA ______________

Actividad 17: ¿Cuánto sabes? Intenta identificar las profesiones de estas personas.

1. Spock, Kevorkian, Barnard, Ramón y Cajal: ______________
2. Rita Moreno, Debbie Allen, Lola Falana: ______________
3. Francisco Franco, George Patton, Colin Powell: ______________
4. Lee Iacocca, Bill Gates, Ross Perot: ______________
5. Marie Curie, Louis Pasteur: ______________
6. Miguel de Cervantes, Gabriel García Márquez, Isabel Allende: ______________
7. Joan Miró, Frida Kahlo, El Greco, Francisco de Goya, Salvador Dalí: ______________
8. Almodóvar, Saura, Spielberg: ______________
9. Felipe González, Bill Clinton, Violeta Chamorro, Newt Gingrich, Golda Meir: ______________
10. Antonio Gaudí, Luis Barragán, Frank Lloyd Wright: ______________
11. Florence Nightingale: ______________

Actividad 18: Las profesiones. Explica qué hace una persona que tiene las siguientes ocupaciones, empezando con la frase **Es una persona que ...**

1. artesano: ______________
2. chofer: ______________
3. plomero: ______________
4. psicóloga: ______________
5. carpintero: ______________

Actividad 19: Asociaciones. Asocia estas personas con palabras relacionadas con la descripción física.

barba	calvo/a	cicatriz	frenillos	ojos azules	pelirrojo/a
bigote	canoso/a	cola de caballo	lunar	patillas	tatuajes

1. Lucille Ball ______________
2. Fidel Castro ______________
3. Elvis ______________
4. Kojak ______________
5. Cher ______________
6. Scarface ______________
7. Paul Newman ______________
8. Salvador Dalí ______________

Actividad 20: Se busca. Trabajas para la policía y tienes que escribir una descripción física de estas dos personas.

SE BUSCA

93725917-A

Ramón Piera Vargas

Color de ojos: verde

Color de pelo: ______________

Señas particulares:

____

____

____

____

____

SE BUSCA

87442957-C

María Elena Muñoz

Color de ojos: café

Color de pelo: ______________

Señas particulares:

____

____

____

____

____

Actividad 21: ¡Descríbete! ¿Cómo eres? Lee esta descripción de una persona y después escribe una descripción sobre ti mismo/a.

Soy un poco calvo, pero tengo pelo liso y largo que normalmente ato en cola de caballo. Soy pelirrojo. También tengo patillas y bigote. Mi cara es redonda y tengo ojos azules. Tengo una cicatriz pequeña debajo del ojo derecho. Tengo labios gruesos y llevo frenillos. ¿Qué piensas? ¿Soy atractivo?

¿Cómo eres tú?

____

____

____

____

____

Actividad 22: Los deseos. En este momento estás escribiendo la tarea, pero obviamente no quieres hacer esto. ¿Qué te gustaría hacer?

Actividad 23: El futuro ideal. Piensa en tu vida y escribe cuatro deseos para el año 2015. Empieza cada oración con **quisiera,** por ejemplo: **Quisiera tener tres hijos para el año 2015.**

1. ______
2. ______
3. ______
4. ______

Actividad 24: Las obligaciones. Escribe tres cosas que tienes que hacer mañana y tres cosas que tiene que hacer tu mejor amigo o amiga. Usa **tener que** + infinitivo.

Yo	**Mi amigo/a**
1. ______	1. ______
2. ______	2. ______
3. ______	3. ______

Actividad 25: Las excusas. Responde a estas invitaciones de forma negativa, dando excusas. Usa la imaginación.

1. ¿A Uds. les gustaría ir al teatro mañana por la noche?

   ______

   ______

2. Quisiera ver el partido de béisbol entre Ponce y Mayagüez el viernes por la tarde. ¿Quieres venir?

   ______

   ______

Actividad 26: Tu carrera y tu futuro. Contesta estas preguntas sobre tu futuro.

1. ¿Cuál es tu especialización? ______
2. En el futuro, ¿qué te gustaría ser y por qué? ______

   ______
3. ¿Qué no te gustaría ser y por qué? ______

   ______
4. ¿Dónde quisieras vivir y por qué? ______

   ______

Actividad 27: El/un, la/una, los/unos, las/unas. Completa esta conversación con los artículos definidos o indefinidos apropiados.

Begoña: Hola, Germán. Por cierto, ¿tienes _______ cassettes de la Orquesta de la Luz de mi hermano?

Germán: No, ¿por qué?

Begoña: Porque no sé dónde están. ¡Caray! Pues, no importa. ¿Sabes que tengo a _______ profesora Azcárate para _______ clase de arte?

Germán: La clase se llama "Pablo Picasso: _______ cubismo", ¿no?

Begoña: Sí, e incluye _______ visita al Museo de Arte Contemporáneo que está en _______ ciudad universitaria.

Germán: Es por _______ tarde, ¿no?

Begoña: Exacto. ¿Por qué sabes tanto?

Germán: Paulina tiene todos _______ libros y _______ apuntes para esa clase. También creo que tiene _______ exámenes; sé que no los tiene todos, pero algunos sí.

Begoña: ¡Excelente! Tengo _______ libros, pero no todos. Entonces, voy a llamarla ahora mismo. Hasta luego.

Germán: ¡Oye! _______ cosa más. ¿Quieres alquilar _______ video esta noche?

Begoña: Bien, ¿cuál?

Germán: _______ gente dice que hay _______ película de Almodóvar que es muy divertida.

Begoña: ¡Ah sí! Se llama *Mujeres al borde de _______ ataque de nervios*, ¿no? _______ cartel que la anuncia es buenísimo. Tengo que ver esa película. ¿A qué hora?

Germán: ¿Está bien a _______ nueve y media?

Begoña: Perfecto. Te veo esta noche.

Actividad 28: Una persona que admiro.

> *NOTE: Review writing strategies in Chapter 1 of* Fuentes: Literatura y redacción.

Parte A: El periódico de la universidad te pidió un artículo sobre un/a pariente que admiras mucho. Antes de escribir el artículo, anota algunas ideas sobre esta persona.

Nombre ______________________________

Parentesco (hermano/a, tío/a, etc.) ______________________________

Descripción física ______________, ______________, ______________, ______________, ______________

Descripción de su personalidad ______________, ______________, ______________, ______________, ______________

Ocupación ______________________________

Gustos (Le gusta ..., le fascina ..., etc.) ____________, ____________, ____________

Qué hace normalmente (corre, trabaja, juega al ...) ____________, ____________, ____________, ____________

Planes futuros (va a ...) ____________, ____________, ____________

Por qué admiras a esta persona ______________________________

____

Parte B: Organiza tus apuntes de la Parte A y decide qué vas a incluir y qué no vas a incluir en tu artículo. Escribe dos párrafos sobre esta persona que admiras.

NOMBRE ______________________________ FECHA ______________

Capítulo 2

Actividad 1: Las malas costumbres. Lee las siguientes acciones y escribe oraciones para decir si haces tú algunas de estas acciones o si las hace tu compañero/a de cuarto o apartamento.

afeitarse y (no) limpiar el lavabo
dejar cosas por todas partes
bañarse y (no) limpiar la bañera
despertarse temprano y hacer mucho ruido
cepillarse los dientes y no poner la tapa en la pasta de dientes
(no) apagar las luces al salir
(no) lavar los platos después de comer
(nunca) quitar la comida podrida de la nevera
dormirse en el sofá
acostarse tarde y hacer mucho ruido
maquillarse y dejar el lavabo sucio
sentarse siempre en la misma silla para mirar televisión
(no) lavarse las manos antes de cocinar

Yo ____

____

____

Mi compañero/a ____

____

____

Actividad 2: Carta de un amigo. Pablo le escribe a una amiga para contarle acerca de los compañeros en su nuevo trabajo. Completa la carta con los verbos que están al lado de cada párrafo. Puedes usar los verbos más de una vez.

aburrirse
divertirse
ocuparse
reírse
sentirse

Monterrey, 15/XI/95

Querida Mónica:

Te escribo desde mi nuevo trabajo, pero me estoy tomando un pequeño descanso. Mariana y Héctor son mis compañeros de oficina. Nosotros ______________ de editar los manuscritos que recibimos de los autores. Tenemos mucho trabajo y es muy variado, por eso nunca ______________. Yo ______________ mucho con mi trabajo y con Mariana y Héctor. Nosotros ______________ muy cómodos trabajando juntos. Mariana, en especial, es muy graciosa y ______________ de todo.

darse *equivocarse* *quejarse* *reírse*	Como en toda oficina, tenemos un tipo que es muy malhumorado y nunca ____________________ de nada; piensa que es perfecto y no acepta cuando ____________________. Siempre ____________________ de todo, pero un día de estos va a tener que ____________________ cuenta de que necesita ser más considerado con los otros trabajadores. Creo que tarde o temprano nuestro jefe va a cansarse de él.
acordarse *ocuparse* *preocuparse* *quejarse* *sentirse*	La verdad es que no ____________________ porque trabajo con gente muy simpática en esta oficina. Tengo suerte porque mi jefe es una persona muy considerada que ____________________ por sus empleados; siempre ____________________ de los cumpleaños de todos y ____________________ de reunir dinero para comprar regalos. Así que, aunque tengo muchísimo que hacer ____________________ muy bien en este trabajo.
irse *quejarse* *reunirse*	A veces ____________________ después del trabajo cuando los tres tenemos tiempo, aunque hay días que estamos muy ocupados y no ____________________ de la oficina hasta las ocho de la noche; pero nosotros no ____________________ porque muchas veces salimos antes de las cinco.
acordarse *darse* *olvidarse* *reunirse*	Cambiando de tema, yo nunca ____________________ de las charlas eternas que teníamos en el café de la esquina de tu casa. ¿Y tú? ¿____________________ de esas charlas tan animadas después de las clases? ¿Todavía ____________________ con Paco y Lucía en el café? Me gustaría visitarte, pero ____________________ cuenta de que estás muy ocupada con la universidad.
	Bueno, tengo que terminar un trabajo. Muchos saludos para ti y tus hermanos y escríbeme cuando tengas tiempo.
	Un fuerte abrazo de tu amigo, *Pablo*

Actividad 3: ¿Cómo son Uds.? Completa las preguntas con las formas apropiadas de los verbos indicados y después contéstalas para decir qué hacen tus amigos y tú.

1. ¿Cómo ____________________ Uds.? (divertirse)

____

2. ¿Dónde ______________ Uds. para estudiar? (reunirse)

____

3. Muchos estudiantes tienen interés por la política o por las reglas de la universidad. ¿En qué asuntos ______________ Uds.? (interesarse)

____

4. ¿Adónde ______________ Uds. para las vacaciones de primavera? (ir)

____

5. ¿De qué ______________ Uds.? (quejarse)

____

6. En general, ¿______________ Uds. contentos o frustrados en la universidad? (sentirse) ______________________

¿Por qué? ______________________________

Actividad 4: Reacciones.

Parte A: Escribe cinco oraciones usando un verbo de la columna A para expresar tus reacciones a las cosas de la columna B.

☞ **Me preocupo por el consumo de las drogas ilegales.**

A	B
aburrirse con	los problemas raciales en este país
darse cuenta de	la escuela de posgrado
divertirse con	las películas documentales
preocuparse por	el consumo de drogas ilegales
prepararse para	mis compañeros
reírse de	los políticos que mienten
	la gente que bebe demasiado alcohol
	la ecología
	las comedias en la televisión

1. ____
2. ____
3. ____
4. ____
5. ____

Parte B: Ahora, usa tus oraciones de la Parte A para escribir cinco oraciones nuevas sobre las reacciones de otra persona que conoces bien (un pariente o un amigo).

☞ **Ramón, mi tío, no se preocupa por el consumo de las drogas ilegales.**

1. ______________________________
2. ______________________________
3. ______________________________
4. ______________________________
5. ______________________________

Actividad 5: El sofá del psicólogo. Contesta estas preguntas.

1. ¿Cuándo te enojas? ______________________________

____

2. ¿Te aburres cuando estás solo/a? ______________________________
3. ¿Te sientes mal o no te preocupas si un amigo está triste? ______________________________

____

4. ¿Te preocupas por las personas menos afortunadas? Si contestas que sí, ¿haces algo específico por ellas? ______________________________

____

5. Si te equivocas, ¿te ríes de tus errores o te sientes como un/a tonto/a?

____

6. ¿De qué cosas te olvidas? ______________________________
7. ¿Te acuerdas de comprar tarjetas o regalos de cumpleaños para tus amigos y parientes?

____

____

8. Si te sientes mal, ¿prefieres estar acompañado/a o solo/a?

____

Actividad 6: Empieza la función. Son las 8:55 y la comedia musical *Evita* empieza a las 9:00. Di qué están haciendo las siguientes personas en este momento en el teatro:

los actores	los músicos	el crítico
la gente de taquilla *(box office)*	los camareros del bar	el público

☞ escuchar la música **El público está escuchando la música.**

1. maquillarse ______________________________
2. tocar una canción ______________________________
3. vender entradas ______________________________

4. servir bebidas ______
5. leer el programa ______
6. vestirse ______
7. sacar cuaderno y bolígrafo ______

Actividad 7: La crítica. Estás harto/a *(fed up)* de algunos de tus vecinos. Escribe cinco oraciones diciendo qué te molesta.

☞ **La chica rubia vive hablando de los demás.**

El bebé		cantar ópera
La chica rubia		reírse de todo
La chilena	andar	llorar
El italiano	pasar la vida	hablar de los demás
El joven mexicano	vivir	criticar a mis amigos
El niño de 10 años		beber cervezas
		dejar cosas por todos lados

1. ______
2. ______
3. ______
4. ______
5. ______

Actividad 8: Los quiero mucho, pero ... Podemos elegir a nuestros amigos, pero no a los parientes. A menudo nos quejamos de los miembros de nuestra familia. Escribe cuatro quejas que tienes de diferentes miembros de tu familia.

☞ **Me encanta mi tío Juan, pero siempre anda criticando a mi novia y sabe que eso me molesta mucho.**

1. ______
2. ______
3. ______
4. ______

Actividad 9: Problema tras problema. Hoy es un mal día para ti. Completa las siguientes oraciones con el participio pasivo *(past participle)* de estos verbos: **abrir, descomponer, deshacer, disponer, preparar, resolver**.

1. La cama está ______________________________.
2. El televisor está ______________________________.
3. Los problemas con tu compañero no están ______________________________.
4. La puerta de la lavadora está ______________________________ y no se puede cerrar.
5. No puedes terminar tu proyecto y tu jefe no está ______________________________ a oír excusas.
6. Dentro de cinco minutos llegan dos invitados para comer y la comida no está ______________________________.

Actividad 10: La tienda. Tus padres tienen una tienda de regalos y trabajan mucho para ganar dinero. Transforma estas oraciones usando **estar** + participio pasivo en vez de las palabras en negrita. Haz todos los cambios necesarios para formar oraciones lógicas.

☞ Mis padres **se cansan** mucho trabajando en la tienda.

Mis padres están cansados después de trabajar en la tienda.

1. Mis padres siempre **se frustran** por los problemas de la tienda.

   ____

2. Mi padre siempre **se viste** bien.

   ____

3. Ellos **abren** la tienda a las 9:00 de la mañana.

   ____

4. **Cierran** la tienda a las 7:00.

   ____

5. Siempre **ponen** las cosas más caras cerca de la puerta.

   ____

6. La computadora siempre **se rompe** y causa problemas.

   ____

7. Mis padres siempre **envuelven** las compras en papel con el logotipo de la tienda.

   ____

Actividad 11: Acciones.

Parte A: Di si estás preocupado/a o no por los siguientes problemas. Escribe sí o no en el espacio.

Me preocupo por …

1. ______ el alto consumo de alcohol de los jóvenes.
2. ______ la forma en que funcionan los gobiernos.
3. ______ la influencia de las iglesias en los gobiernos.
4. ______ la destrucción de zonas verdes en las ciudades.
5. ______ el hambre en el mundo.
6. ______ las personas sin casa.

Parte B: Di si estás dispuesto/a o no a hacer algo para remediar las situaciones de la Parte A. Si dices que estás dispuesto/a, di qué puedes hacer.

☞ el alto consumo de alcohol de los jóvenes

Estoy dispuesto/a a prohibir el uso de alcohol en mi casa.

El alcohol es un problema, pero no estoy dispuesto/a a hacer nada.

1. ______________________________
2. ______________________________
3. ______________________________
4. ______________________________
5. ______________________________

Actividad 12: La ropa. Organiza las siguientes palabras según las categorías indicadas:

un botón	un cinturón	un cuello	un sostén
los calzoncillos	los cordones	un frac	las suelas
un chaleco	una cremallera	una solapa	un vestido de fiesta

1. Prendas que se llevan debajo de otras prendas: ______________________________
____
2. Cosas que se llevan a una fiesta de gala (elegante): ______________________________
____
3. Partes de un anorak: ______________________________
____
4. Partes de un par de zapatos: ______________________________
____

Actividad 13: ¡Qué mal gusto! Mira los siguientes dibujos y haz comentarios sobre la ropa que llevan las personas. Usa frases como **le pega/n con, (no) le combina bien con, le queda bien/mal, está pasado/a de moda, está de moda.** Justifica tus respuestas.

____

____

¿Por qué? ______________________________________

____

____

____

____

¿Por qué? ______________________________________

____

____

____

____

¿Por qué? ______________________________________

____

____

____

____

¿Por qué? ______________________________________

____

____

Actividad 14: Tus costumbres. Contesta estas preguntas acerca de tus gustos y costumbres.

1. Cuando caminas por la calle, ¿paras para mirar vitrinas? ______
2. Cuando compras ropa, ¿qué es más importante: la calidad o la marca? ______
3. Si ves alguna prenda que te encanta, ¿la compras enseguida o esperas las rebajas? ______
4. ¿Siempre compras ropa que está de moda? ______
5. ¿Qué te emociona más: comprar una prenda muy bonita u obtener una ganga? ______
6. ¿Sueles pedir ropa de catálogos o prefieres probarte la ropa primero? ______
7. ¿Combinas bien la ropa o necesitas la ayuda de alguien? ______
8. ¿Todavía llevas alguna prenda que está pasada de moda, pero que te gusta? ______

Actividad 15: Ropa para toda ocasión. Describe detalladamente la ropa que llevas en las siguientes ocasiones.

1. A clase: ______
2. A una cena elegante: ______

Actividad 16: Comparar. Escribe siete oraciones para comparar estas empleadas de oficina.

Maribel	**Vicki**
25 años	26 años
muy eficiente	eficiente
buena con los clientes	muy buena con los clientes
escribe 90 palabras por minuto	escribe 95 palabras por minuto
gana 150.000 por mes	gana 150.000 por mes
trabaja 35 horas por semana	trabaja 35 horas por semana
le gusta trabajar muchas horas extras porque necesita el dinero	no le gusta trabajar horas extras, pero está dispuesta a hacer unas horas extras por semana

1. ______________________________
2. ______________________________
3. ______________________________
4. ______________________________
5. ______________________________
6. ______________________________
7. ______________________________

Actividad 17: Comparaciones. Hay muchas diferencias entre los países hispanos aunque estén muy cerca geográficamente. Escribe comparaciones basadas en los siguientes gráficos sobre Costa Rica y El Salvador, dos países centroamericanos.

	Costa Rica	**El Salvador**
Kilómetros cuadrados	51.000	21.040
Población	3.100.000	5.570.000
Mestizos	7%	89%
Indígenas	1%	10%
Blancos	87%	1%
Negros	2%	—
Asiáticos	1%	—
Católicos	95%	75%
Alfabetismo	93%	73%

NOTE: **indígena** = *nativo americano / amerindio*
mestizo = *de sangre indígena y blanca*

1. ______________________
2. ______________________
3. ______________________
4. ______________________
5. ______________________
6. ______________________
7. ______________________
8. ______________________
9. ______________________

Actividad 18: Preferencias.

Parte A: Haz comparaciones entre vivir en una ciudad y en las afueras *(suburbs)*.

1. peligroso/a ______________________
2. calidad de las escuelas ______________________
3. precio de una casa ______________________
4. transporte público ______________________
5. divertido/a ______________________
6. contaminación ______________________
7. tranquilo/a ______________________
8. variedad étnica ______________________
9. posibilidades de trabajo ______________________

Parte B: Teniendo en cuenta tus respuestas de la Parte A, ¿qué es mejor, vivir en una ciudad o en las afueras? Justifica tu respuesta.

____

Actividad 19: Comparar.

Parte A: Contesta estas preguntas sobre tus costumbres en comparación con otras personas de tu edad en este país.

1. ¿Estudias más o menos de lo esperado para tus clases? ______________________
____
2. ¿Trabajas más o menos de lo normal durante las vacaciones? ______________________
____
3. ¿Gastas más o menos dinero de lo común en ropa? ______________________
____
4. ¿Vas a fiestas más o menos de lo normal? ______________________
____
5. ¿Pides pizza más o menos de lo común? ______________________
____

Parte B: Teniendo en cuenta tus respuestas de la Parte A, ¿eres un/a estudiante típico/a o atípico/a? Justifica tu respuesta.

____
____
____

Actividad 20: Los precios. Un amigo de otro país va a vivir contigo este año en tu apartamento y tiene que ir de compras porque necesita varias cosas. No tiene idea de los precios en este país. Dile cuánto es el máximo que debe pagar por las siguientes cosas.

☞ un sofá **No debes pagar/gastar más de $350.**

1. una silla para la sala ______________________
2. un escritorio ______________________
3. una lámpara ______________________
4. una cama ______________________

Actividad 21: La familia. Escribe cinco oraciones sobre tu familia, comparando algunos miembros con los demás. Sigue el modelo y usa las palabras que se presentan.

Mi tío Frank es {
- el más / menos divertido de la familia.
- uno de los más divertidos de la familia.
- casi tan divertido como mi hermano Phil.
- más divertido que yo.

capaz	encantador/a	justo/a	sensible
conservador/a	entretenido/a	liberal	tacaño/a *(cheap)*
creído/a	intolerante	rígido/a	trabajador/a

1. ______________________
2. ______________________
3. ______________________
4. ______________________
5. ______________________

Actividad 22: ¿La mejor? Tienes un amigo de Chile que quiere venir a los Estados Unidos a estudiar. Le es posible ir a Harvard cerca de Boston, NYU en Nueva York o Berkeley cerca de San Francisco. Compara las tres ciudades.

1. ofrecer actividades culturales ____ ______________________
2. ser costosa para vivir ______________________
3. tener un buen sistema de transporte público ______________________
4. tener restaurantes de comida étnica ______________________
5. tener buenas tiendas ______________________

Actividad 23: ¿Cuánto sabes? Primero, completa estas preguntas con las palabras **qué, cuál** o **cuales**. Después, contesta las preguntas. Si no sabes la respuesta, puedes escribir **No sé. / No tengo idea. / Creo que es ...**

1. ¿______________ es más grande, Argentina o Ecuador? ______________
2. ¿______________ es un anorak y cuándo se lleva? ______________
3. ¿______________ de los países centroamericanos tiene un canal que une el Océano Pacífico con el Atlántico? ______________
4. ¿En ______________ ciudad está el Museo del Prado? ______________

5. ¿Por ___________________ de los países suramericanos pasa la línea imaginaria del ecuador? ____

____

6. ¿___________________ moneda usan en Puerto Rico? ____________________________

____

7. ¿___________________ significa la palabra **mestizo**? ____________________

____

8. ¿___________________ son la mayoría de los hispanoamericanos, católicos o protestantes? ____

____

9. ¿___________________ de los países hispanos te interesa visitar más y por qué? ______

____

Actividad 24: Una carta. Vas a escribir una carta a un/a amigo/a que no ves con frecuencia. La carta debe incluir la siguiente información:

- **Párrafo 1:** un saludo
  cómo es la universidad y dónde vives
  si te gusta
- **Párrafo 2:** qué haces un día normal
  qué haces los fines de semana
- **Párrafo 3:** presentación de un/a nuevo/a amigo/a con descripción física y de personalidad
  comparación de algunos amigos (el más divertido, la más insoportable, etc.)
- **Párrafo 4:** cómo son tus clases
  comparación de clases (la más difícil/fácil/interesante, etc.)
  comparación de profesores
- **Párrafo 5:** preguntas para tu amigo/a

________________, ________________________
(ciudad) (fecha)

Querido/a ______________________________:

____

____

____

____

____

Un fuerte abrazo de

______

Capítulo 3

Actividad 1: Interpretaciones. Examina las siguientes oraciones sobre la historia de España y la colonización del continente americano. Primero, subraya *(underline)* los verbos en el pretérito y segundo, indica cuál de los gráficos explica mejor el uso del pretérito en cada oración.

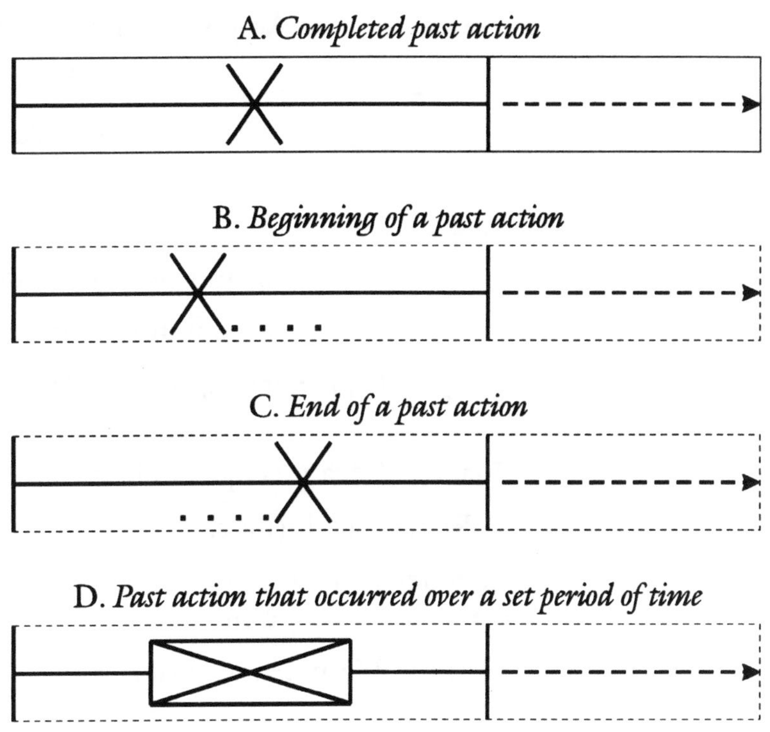

1. ______ En el año 711, los moros invadieron la Península Ibérica que hoy en día se compone de España, Portugal y Gibraltar.
2. ______ Los moros estuvieron en la península por 781 años.
3. ______ La victoria cristiana en Granada en 1492 marcó el final de la presencia mora en la península.
4. ______ La boda de Fernando e Isabel inició la unión de las regiones de Aragón y Castilla, el primer paso hacia lo que es la España de hoy.
5. ______ Cristóbal Colón se emocionó al recibir la noticia de la reina Isabel sobre la financiación y el apoyo de sus exploraciones hacia la India.
6. ______ En 1518 Hernán Cortés llegó a México.
7. ______ Pronto empezaron a llegar clérigos para fundar misiones y conquistadores en busca de tesoros.
8. ______ Los españoles ejercieron control sobre partes de Hispanoamérica durante más de cuatro siglos.

9. ______ España celebró la feria mundial (la Expo 92, en Sevilla) y también los Juegos Olímpicos en Barcelona en 1992, quinientos años después de la llegada de Colón a América.

Actividad 2: Los Reyes Católicos. Completa estos datos sobre la vida de Isabel y Fernando con las formas apropiadas del pretérito de los verbos indicados.

1451 ______________________ Isabel I de Castilla. (nacer)

1452 ______________________ Fernando II de Aragón. (nacer)

1469 ______________________ Fernando II de Aragón e Isabel I de Castilla. (casarse)

1478 Los Reyes Católicos ______________________ la Inquisición española. (iniciar)

1479 Fernando e Isabel ______________________ las regiones de Aragón y Castilla. (unir)

______________________ Juana la Loca, la primera hija de los reyes. (nacer)

1492 Los cristianos ______________________ a los moros en Granada. (conquistar)

El reino español ______________________ a los judíos de la península. (expulsar)

El reino ______________________ la primera expedición de Cristóbal Colón. (financiar)

1496 ______________________ Juana la Loca y Felipe el Hermoso. (casarse)

1504 ______________________ la Reina Isabel. (morir)

______________________ al poder Juana la Loca y su esposo Felipe el Hermoso (de Austria) para ser los Reyes de Castilla. (subir)

1506 ______________________ Felipe el Hermoso. (morir)

Juana ______________________ loca. (volverse)

El Rey Fernando ______________________ la regencia de Castilla. (asumir)

1507 ______________________ matrimonio el Rey Fernando con Germana de Foix. (contraer)

1516 ______________________ el Rey Fernando. (morir)

Actividad 3: Acontecimientos. Los siguientes acontecimientos deportivos ocurrieron durante tu vida. Escribe la forma correcta de los verbos indicados.

1. En 1994, una persona ______________________ a Nancy Kerrigan antes de los Juegos Olímpicos. (atacar)
2. En 1988, Greg Louganis ______________________ dos medallas de oro. (ganar)
3. Michael Jordan ______________________ al béisbol tres años. (jugar)
4. En 1992, los jugadores profesionales de basquetbol ______________________ en los Juegos Olímpicos por primera vez. (competir)

5. En 1985, Bo Jackson ____________________ el trofeo Heisman. (recibir)
6. En 1994, ____________________ una huelga *(strike)* de béisbol que dejó la temporada *(season)* sin terminar. (empezar)
7. En 1994, Martina Navratilova ____________________ del tenis profesional. (retirarse)
8. En los años 1981, 1987, 1989 y 1990, la Asociación Nacional de Basquetbol ____________________ a Earvin "Magic" Johnson como el mejor jugador. (nombrar)

Actividad 4: ¿Qué hiciste? ¿Cuáles de las siguientes cosas hiciste?

> **NOTE:** *Remember the following spelling conventions:*
> **ca, que, qui, co, cu**
> **za, ce, ci, zo, zu**
> **ga, gue, gui, go, gu**

1. **La semana pasada:**

buscar información en la biblioteca
discutir con alguien
ver una película
tocar un instrumento musical
comer en un restaurante
entregar la tarea a tiempo
sufrir durante un examen
enfermarte
hacer otra cosa (¿qué?)

____

____

____

____

____

2. **El verano pasado:**

ganar dinero
vivir con tus padres
comenzar un trabajo nuevo
empezar a/dejar de salir con alguien
viajar a otro país
alquilar un apartamento
asistir a un concierto
hacer otra cosa (¿qué?)

____

____

____

____

____

Actividad 5: Acciones. Di cuándo fue la última vez que hiciste las siguientes cosas y cuándo fue la última vez que las hizo un/a amigo/a. Usa estas expresiones al contestar: **anoche, ayer, anteayer, la semana pasada, el mes/año pasado, hace (tres) días/semanas/meses/años,** etc.

> *Review preterit forms of* **-ir** *stem-changing verbs and of irregular verb forms.*

1. quedarse dormido/a leyendo
   Yo: ______________________________
   Mi amigo/a: ______________________________
2. mentir
   Yo: ______________________________
   Mi amigo/a: ______________________________
3. hacer ejercicio
   Yo: ______________________________
   Mi amigo/a: ______________________________
4. traer a un/a amigo/a a casa
   Yo: ______________________________
   Mi amigo/a: ______________________________
5. conocer a una persona interesante
   Yo: ______________________________
   Mi amigo/a: ______________________________
6. saber una verdad difícil de aceptar
   Yo: ______________________________
   Mi amigo/a: ______________________________
7. no poder terminar una tarea a tiempo
   Yo: ______________________________
   Mi amigo/a: ______________________________
8. divertirse un montón
   Yo: ______________________________
   Mi amigo/a: ______________________________

Actividad 6: Los acontecimientos. Lee los siguientes apuntes de la policía y después escribe un artículo para un periódico explicando qué ocurrió y cuándo. Usa expresiones como **de repente, a las tres/cuatro,** etc., **anoche, anteayer, ayer, el lunes, desde ... hasta, inmediatamente, después, más tarde, luego.**

lunes, 3/5/95
10:35 llegar Nuria Peña a la ciudad; ir directamente al hotel Los Galgos; 11:31 llegar al hotel; subir a la habitación 312; 11:34 llamar a Pepe Cabrales; reunirse con Cabrales para comer; 16:00 Peña depositar un cheque de Cabrales por $100.000 en un cajero automático *(ATM)*

martes, 4/5/95
14:20 Peña alquilar un carro; recoger a Cabrales; los dos saludar al hijo del general y jugar con él y su perro un rato en un parque; seguir al hijo a la casa del general; hablar un momento con Rosita López, la mujer de la limpieza, sobre el precio de la lechuga

miércoles, 5/5/95
13:20 el general llamar a su casa; 13:23 oír disparos de un rifle; alguien raptar al hijo del general; el perro morder a Peña; morir Rosita López; la policía saber la identidad de los acusados al encontrar la llave del hotel Los Galgos, habitación 312; empezar la búsqueda de los presuntos criminales

---

El Diario

Jueves seis de marzo de mil novecientos noventa y cinco

DESAPARECIDO:
HIJO DE UN GENERAL

La policía busca a Nuria Peña y a Pepe Cabrales por raptar al hijo del General Gabriel Montes y por matar a su empleada doméstica, Rosita López.

____

____

____

Actividad 7: ¿Qué hiciste?

> NOTE: *Do not list two things that you did at once. For example: if you studied and listened to music at the same time, only list one activity and not both.*

Parte A: Haz una lista de seis cosas que hiciste anoche. Escribe solamente una actividad en cada espacio blanco.

1. ______________________________
2. ______________________________
3. ______________________________
4. ______________________________
5. ______________________________
6. ______________________________

Parte B: Usa la lista de la Parte A para escribir una narrativa sobre qué hiciste anoche. Usa palabras como **primero, segundo, después (de + infinitivo), más tarde, luego, antes de + infinitivo, enseguida, finalmente.**

____
____
____
____
____
____

Actividad 8: ¿Cuándo? Lee las siguientes frases y escribe una oración que indique cuál de las dos acciones ocurrió primero.

☞ recibir una carta de aceptación de la universidad / terminar la escuela secundaria

Ya había terminado la escuela secundaria cuando recibí una carta de aceptación de la universidad.

1. terminar el segundo año de la escuela secundaria / sacar el permiso de manejar ________
____
2. visitar la universidad / solicitar el ingreso a *(to apply to)* la universidad ________________
____
3. tomar los exámenes de SAT o ACT / cumplir 18 años ______________________________
____
4. graduarme de la escuela secundaria / decidir a qué universidad ir ___________________
____
5. terminar la escuela secundaria / cumplir los 17 años ____________________________
____
6. decidir mi especialización / empezar los estudios universitarios ___________________
____
____

Actividad 9: Categorías. Lee los siguientes nombres y escríbelos en las categorías apropiadas según tu punto de vista y lo que sabes de la historia. Puedes poner la misma palabra en varias categorías.

aztecas griegos incas ingleses mayas portugueses romanos

1. civilizaciones antiguas: ______________________________
2. colonizadores: ______________________________
3. exploradores: ______________________________
4. invasores: ______________________________
5. navegantes: ______________________________

Actividad 10: Puntos de vista. Explica cada palabra desde un punto de vista positivo y luego desde un punto de vista negativo.

	Positivo	**Negativo**
1. **Colonizar:**	______________________	______________________
	______________________	______________________
	______________________	______________________
2. **Vencedor:**	______________________	______________________
	______________________	______________________
	______________________	______________________
3. **Conquistar:**	______________________	______________________
	______________________	______________________
	______________________	______________________
4. **Explotación:**	______________________	______________________
	______________________	______________________
	______________________	______________________

Actividad 11: ¿Progreso? Di quién descubrió o inventó estas cosas: **la teoría de la relatividad, la existencia de microorganismos, la gravedad, el teléfono, el telégrafo.**

1. Pasteur ______________________________
2. Marconi ______________________________
3. Newton ______________________________
4. Einstein ______________________________
5. Bell ______________________________

Actividad 12: Historia. Forma oraciones usando elementos de cada columna. Hay varias posibilidades.

Los clérigos españoles	colonizar	el suroeste de los Estados Unidos
Los conquistadores	conquistar	a esclavos negros para trabajar
Los ingleses	explorar	a la gente en Auschwitz
Los moros	explotar	misiones en el continente americano
Los portugueses	fundar	a los indígenas
Las tropas rusas	importar	la India
	invadir	la Península Ibérica
	liberar	Brasil

1. ______________________________
2. ______________________________
3. ______________________________
4. ______________________________
5. ______________________________
6. ______________________________

Actividad 13: Más datos. Completa las preguntas con la forma apropiada del verbo indicado y después contéstalas usando la frase **hace ... años que ...**

1. ¿Cuántos años hace que la corona española ______________ la Inquisición? (iniciar / 1478) ______________________________

   ____

2. ¿Cuántos años hace que el explorador Magallanes ______________ a las Islas Filipinas? (llegar / 1521) ______________________________

   ____

3. ¿Cuántos años hace que un conquistador español ______________ la exploración de Texas? (iniciar / 1519) ______________________________

   ____

4. ¿Cuántos años hace que Simón Bolívar ____________ Venezuela del dominio español? (liberar / 1810) ____________

____

5. ¿Cuántos años hace que Guinea Ecuatorial, una ex colonia española en África, ____________ su independencia total? (lograr / 1968) ____________

____

____

Actividad 14: Evitando la redundancia. Lee las siguientes conversaciones y reescríbelas de una forma más normal, sin redundancias. Omite sujetos, usa pronombres como **yo, tú, él, ella,** etc., o usa pronombres de complementos directos como **lo, la, los, las**.

1. — ¿Tú quieres comer albóndigas con papas esta noche?
   — No, ayer yo ya había comido albóndigas en casa de Jorge y cuando llegué a casa de la abuela, sirvió albóndigas también.
   — Bueno, esta noche tú tienes que comer albóndigas o salir forzosamente al mercado a comprar algo.

____

____

____

____

____

____

2. — ¿Cuándo vas a terminar la redacción?
   — Yo estoy terminando la redacción ahora mismo.
   — ¿Para cuándo quiere la redacción la profesora Zamora?
   — Yo creo que la profesora Zamora dice que quiere la redacción para el vienes. Antes de entregar la redacción, yo voy a llamar a Gloria para oír la opinión de Gloria. Gloria siempre lee mis redacciones y comenta mis redacciones.

____

____

____

____

____

____

____

Actividad 15: Las relaciones. Explica quién hace cada acción más, ¿tus amigos o tus padres?

1. llamarte por teléfono ______________________________

____

2. invitarte a salir ______________________________

____

3. conocerte mejor ______________________________

____

4. criticarte sin ofenderte ______________________________

____

5. respetarte como individuo ______________________________

____

Actividad 16: En este momento. Contesta estas preguntas. No tienes que usar los nombres de las personas; puedes escribir sólo sus iniciales. Si el complemento directo puede ir en dos lugares, escribe las dos posibilidades.

☞ ¿Quién va a llamarte mañana?

JC me va a llamar mañana. / JC va a llamarme mañana.

1. ¿Quién te quiere más que nadie en el mundo? ______________________________

____

2. ¿Quién quiere visitarte en este momento? ______________________________

____

3. ¿Quién te va a invitar a salir este fin de semana? ______________________________

____

4. ¿Quién te está buscando ahora mismo y no te puede localizar? ______________________________

____

____

Actividad 17: Los vendedores.

Parte A: Contesta estas preguntas sobre los vendedores de las tiendas.

1. La última vez que tus amigos y tú entraron en una tienda de ropa, ¿los saludó un vendedor o una vendedora? ______________________________

____

2. ¿Los vigiló alguien? ______________________________

____

3. ¿Los atendió el vendedor / la vendedora con cortesía? ________________

____

4. ¿Los atendió con eficiencia o los hizo esperar? ________________

____

Parte B: Eres muy cínico/a *(cynical)*. Forma oraciones quejándote de los vendedores más insoportables del mundo. Después agrega *(add)* más quejas. Por ejemplo:

☞ parar al entrar en la tienda para saludar

Nos paran al entrar en la tienda para saludarnos. Me molesta mucho porque no conozco a estas personas. Siempre me preguntan sobre el tiempo. La tienda tiene ventanas y ellos tienen ojos.

1. enseñar el modelo más caro ________________

____

____

____

2. llamar por el nombre cuando pagamos con tarjeta de crédito ________________

____

____

____

3. no dejar en paz si solamente queremos mirar ________________

____

____

____

4. no escuchar con cuidado cuando explicamos qué queremos ________________

____

____

____

Actividad 18: Buscando referencias. Lee el siguiente artículo y contesta las preguntas que están a continuación.

¿Quién inventó el bolígrafo?

Una bola rodante que, por aplicación de una presión externa, distribuía tinta de una manera regular fue la gran idea del inventor norteamericano John H. Loud. El 30 de octubre de 1888, **obtuvo** la primera patente del bolígrafo. Sus primeros modelos eran bastante toscos y sólo podían ser utilizados sobre superficies de la aspereza del cartón, siendo impensable usar**los** sobre el fino papel de escribir.

Los sucesivos diseños de Loud a lo largo de los años no aspiraron a entrar en el mundo de la caligrafía intachable, pero **sentaron** las bases de los modelos contemporáneos.

El artífice de la modernización del bolígrafo fue el húngaro Lazlo Biro. Durante la Segunda Guerra Mundial, Lazlo vivía en Argentina y se valió del tremendo desarrollo tecnológico que sufrió el mundo a causa de la guerra. Gracias a las mejoras en la fabricación de bolas de rodamientos para máquinas y armas, y la facilidad para ajustar**las** a pequeños orificios, Biro fabricó el primer bolígrafo apto para escritura en papel.

A mediados de los cincuenta, los bolígrafos barrían el mercado de los objetos de escritorio. La razón de **su** éxito fue un nuevo sistema de carga de tinta que permitía kilómetros de escritura.

1. En la línea 4, ¿cuál es el sujeto del verbo **obtuvo**? ______________________________
2. En la línea 6, ¿a qué se refiere el complemento directo en la palabra **usarlos**? __________
3. En la línea 8, ¿cuál es el sujeto del verbo **sentaron**? ____________________________
4. En la línea 14, ¿a qué se refiere el complemento directo en la palabra **ajustarlas**? ______
5. En la línea 17, ¿a qué se refiere el adjetivo posesivo **su**? __________________________

Actividad 19: ¿Qué hora era?

Parte A: Marca las cosas que hiciste el sábado pasado. En el último cuadro añade *(add)* algo original.

☐ levantarte	☐ empezar a leer una novela	☐ pedir un café en una cafetería
☐ ponerte la ropa	☐ almorzar	☐ ir al cine
☐ visitar a un amigo	☐ andar a algún lugar y no ir en carro	☐ llegar a casa
☐ comprar algo en una tienda	☐ cenar en un restaurante	☐ desvestirte para dormir
☐ oír un chisme *(gossip)* interesante	☐ asistir a un partido	☐ acostarte muy tarde
☐ ???		

Parte B: Ahora di a qué hora hiciste las cosas que marcaste en la Parte A.

☞ **Eran las siete cuando me levanté.**

____

____

____

____

____

____

____

Actividad 20: La edad.

Parte A: Contesta estas preguntas sobre tus experiencias.

¿Cuántos años tenías cuando ...

1. empezaste a ayudar con las tareas domésticas? ____
2. tus padres te dejaron en casa solo/a por primera vez? ____
3. pasaste la noche en casa de un/a amigo/a? ____
4. alguien te habló del sexo? ____
5. un chico o una chica te besó por primera vez? ____
6. tus padres te permitieron salir con un/a novio/a? ____
7. abriste una cuenta bancaria? ____
8. conseguiste tu primer trabajo? ____

Parte B: Ahora contesta estas preguntas.

1. En tu opinión, ¿tuviste mucha responsabilidad de joven? ____

2. ¿Cuál de estas posturas vas a tomar si eres padre o madre algún día: "Es mejor dejar a los niños ser niños" o "Los niños deben aprender rápidamente cómo es el mundo—cuantas más responsabilidades mejor"? ______________________________

____

____

Actividad 21: Historia. Usando las expresiones de secuencia de la primera columna y los acontecimientos de la segunda columna, da un breve resumen de la conquista española de América.

primero	➡	Colón hablar con los Reyes Católicos sobre su viaje
8 años más tarde, en 1492	➡	Isabel decidir financiar el viaje
antes de eso	➡	los reyes haber vencido a los moros
el 12 de octubre de 1492	➡	Colón pisar tierra americana
enseguida	➡	empezar una ola de exploración
inmediatamente	➡	los clérigos llevar la palabra de Dios a los indígenas
durante más de 400 años	➡	continuar la dominación española
		morir muchos indígenas a causa de guerras y enfermedades
finalmente	➡	Hispanoamérica liberarse de la colonización cuando España perder la Guerra Hispanoamericana

____

____

____

____

____

____

____

____

____

____

____

____

____

____

____

____

____

____

____

NOMBRE ______________________ FECHA ____________

Capítulo 4

Actividad 1: Dónde y qué.

> *NOTE: The 24-hour clock is used in this activity.* **17:30** = **las cinco y media de la tarde.**

Parte A: Di dónde estabas y qué hacías ayer a las siguientes horas.

 5:30 **Ayer a las cinco y media de la mañana estaba en mi dormitorio y dormía/estaba durmiendo tranquilamente.**

1. 9:15 ______________________________

____

2. 12:40 ______________________________

____

3. 17:30 ______________________________

____

4. 21:15 ______________________________

____

Parte B: Ahora di qué estaba haciendo un/a pariente o un/a amigo/a mientras tú hacías las actividades de la Parte A.

A las cinco y media mientras yo dormía/estaba durmiendo mi amigo se duchaba/estaba duchándose.

1. ______________________________

____

2. ______________________________

____

3. ______________________________

____

4. ______________________________

____

Actividad 2: Un día típico. Siempre hay mucha acción en la oficina de American Express en Caracas. Di qué estaban haciendo las siguientes personas mientras sus compañeros hacían otras actividades.

☞ un cliente mandar un fax / la contadora contar el dinero

Un cliente mandaba/estaba mandando un fax mientras la contadora contaba/ estaba contando el dinero.

1. la cajera vender cheques de viajero / el recepcionista contestar el teléfono ____________

____

2. un empleado comer un sándwich / su compañera preparar un informe ____________

____

3. un empleado hacer fotocopias / otro empleado calmar a un cliente histérico ____________

____

4. el director entrevistar a un posible empleado / una cliente recibir información sobre viajes ____________

____

Actividad 3: ¡Pobre Ricardo! Ricardo siempre tiene mala suerte, pero la semana pasada resultó ser increíblemente desastrosa. Escribe cinco oraciones sobre las cosas que le pasaron.

> *NOTE:* **el domingo =** *on Sunday*

☞ domingo: caminar a misa / un perro atacarlo

El domingo, mientras Ricardo caminaba a misa, un perro lo atacó.

1. lunes: intentar sacar dinero de un cajero automático / la máquina comer su tarjeta ______

____

2. martes: manejar al trabajo / el motor empezar a quemarse ____________

____

3. miércoles: subir al autobús / caerse y romperse la pierna derecha ____________

____

____

4. jueves: comer en la cama del hospital / el paciente de al lado sufrir un ataque cardíaco

____

____

5. viernes: volver a casa en taxi desde el hospital / tener un accidente de tráfico y romperse la pierna izquierda ____________

____

____

Actividad 4: El apagón de Nueva York. En el verano de 1977 hubo un apagón *(blackout)* en la ciudad de Nueva York. Di las cosas que hacían diferentes personas cuando esto ocurrió y qué pasó como resultado.

☞ algunas personas / escribir / en computadora / perder documentos / tener que volver a escribirlos

Algunas personas escribían en computadora y perdieron muchos documentos; tuvieron que volver a escribirlos.

1. algunas personas / bajar / en ascensores / quedarse atrapados

____

____

2. algunas personas / mirar / película en el cine / no poder / ver el final

____

____

3. un cirujano / operar / a un paciente / tener que conectar / el sistema eléctrico de emergencia ______________________________

____

4. algunas personas / viajar / en metro / tener que tomar / el autobús

____

____

5. algunas personas / dormir / no saber / qué / ocurrir hasta el día siguiente

____

____

6. Woody Allen / ¿¿¿ ______________________________

____

Actividad 5: Mi madre. Lee la siguiente descripción que escribió una hija sobre su madre. Después escribe dos párrafos parecidos sobre tu madre o tu padre.

Cuando mi madre tenía 25 años vivía en Santiago de Chile. Tenía un trabajo sumamente interesante: trabajaba para la Organización de Estados Americanos (O. E. A.). Por lo tanto, con frecuencia hacía viajes a Nueva York y a Washington para asistir a reuniones con otros representantes de diferentes partes del continente. Aprovechaba estos viajes para ir al teatro y para comprar libros en inglés. Todos los días en Santiago estudiaba inglés y dos veces por semana se reunía con un profesor particular para aclarar sus dudas.

Mi madre ya no trabaja para la O. E. A. Ahora es traductora de libros y suele traducir obras literarias del inglés al español. Está muy contenta con su nuevo empleo y estoy muy orgullosa de mi madre.

Actividad 6: Trabajos de verano. Di qué trabajos hacías durante el verano cuando estabas en la escuela secundaria e indica si estos trabajos son similares a los que haces en verano ahora que estás en la universidad.

☞ **Cuando estaba en la escuela secundaria, limpiaba mesas en un restaurante. Ahora soy camarero y no limpio mesas.**

cortar el césped
cuidar niños
lavar carros
limpiar mesas
repartir periódicos
ser camarero/a
servir helados
trabajar en una gasolinera
???

Actividad 7: Recuerdos de la escuela secundaria. Contesta estas preguntas sobre tus años de secundaria.

1. ¿Qué materias te gustaban? ____________________
2. ¿Qué materias no te gustaban? ____________________
3. ¿Eras muy travieso/a? ____________________

   Explica alguna travesura *(prank, antics)* que hiciste una vez.

4. ¿Practicabas algún deporte en equipo? ______

______

Si contestas que sí, ¿ganaron Uds. algún campeonato o torneo?

______

5. ¿Actuaste en alguna obra de teatro? ______

Si contestas que sí, ¿qué papel *(role)* hiciste y cómo se llamaba la obra de teatro?

______

6. ¿Trabajabas fuera de la escuela? ______

Si contestas que sí, ¿qué tipo de trabajo/s hacías? Describe tus responsabilidades.

______

______

______

Actividad 8: Quetzalcóatl. Completa esta historia sobre Quetzalcóatl y los granos de maíz con las formas apropiadas del pretérito o el imperfecto de los verbos que están al lado de cada párrafo. Los verbos están en orden.

haber	______ dos dioses en el cielo: el dios Sol y la
tener	diosa Tierra. Ellos ______ muchos hijos, entre ellos
llamarse	uno que ______ Quetzalcóatl. Este hijo
tener	______ ganas de vivir en la tierra; por eso, un día
pedir	les ______ a sus padres permiso para bajar a la
decir	tierra y sus padres le ______ que sí. Entonces, el
bajar	joven Quetzalcóatl ______ del cielo a la tierra y
decidir	______ vivir con los toltecas en lo que hoy en día es
	México.
admirar	Los toltecas lo ______ tanto que le
poner	______ el título de Sacerdote Supremo.
ser	Quetzalcóatl ______ muy feliz con ellos, pero algo
molestar/ser	le ______ : los toltecas ______
saber	muy pobres y el hijo de los dioses no ______ qué
subir	hacer para ayudarlos. Entonces, todas las noches ______
rezar	a una montaña y ______ pidiendo inspiración
	divina para poder hacer algo bueno por su gente en la tierra.

dar Los dioses le ____________ inspiración y Quetzalcóatl
enseñar les ____________ a los toltecas cómo obtener el oro, la
construir plata, la esmeralda y el coral. Después él ____________
cuatro casas, cada una de uno de estos materiales. De un día a otro los
hacerse toltecas ____________ ricos. Pero Quetzalcóatl todavía no
sentirse/querer ____________ satisfecho; él ____________
darles algo más útil que riquezas materiales.

estar Una noche en la montaña mientras ____________
quedarse rezando, ____________ dormido y
tener ____________ un sueño increíble. En el sueño, él
caminar ____________ por una montaña preciosa cubierta de flores
ver cuando ____________ un hormiguero. A él le
parecer/estar ____________ que las hormigas ____________
notar trabajando. De repente ____________ que las hormigas
entrar/llevar que ____________ siempre ____________
guardar unos granos que ____________ en el hormiguero.

despertarse En ese momento del sueño el joven dios ____________,
levantarse/caminar ____________ y ____________ hacia una
montaña preciosa cubierta de flores. Aunque no lo
esperar/ver ____________, él ____________ allí el mismo
hormiguero que había visto en el sueño.

pedir Les ____________ ayuda a los dioses y
convertirse ____________ en hormiga para poder entrar al
poder hormiguero. Una vez adentro, Quetzalcóatl ____________
salir encontrar los granitos blancos. Cuando ____________ del
tomar hormiguero, ____________ cuatro granitos y los
llevar ____________ a su pueblo. Cuando
llegar/querer ____________ a su casa ____________
poner esconderlos y los ____________ en la tierra.

salir A la mañana siguiente ____________ de su casa y de
descubrir repente ____________ unas plantas divinas con un fruto
comprender amarillo. Así, por fin, ____________ que esta planta
ser ____________ mucho más significativa que los cuatro
tener materiales y que con esta planta los toltecas ____________
asegurado un futuro feliz.

Actividad 9: Inventa una historia. Selecciona información de las listas que se presentan y agrega *(add)* cualquier información que necesites para inventar una historia sobre lo que hicieron tú y tus amigos.

☞ **Ayer nevaba y hacía mucho frío y mis amigos y yo fuimos a un partido de fútbol en el estadio de la universidad ...**

Cuándo
sábado por la noche
domingo al mediodía
ayer
el día de San Valentín

Tiempo
hacer frío/fresco/calor
ser un día de sol
nevar
llover

Con quién
un/a amigo/a
una profesora
unos amigos
un pariente

Dónde
a una fiesta
a un partido de fútbol
a un restaurante
a un teatro

Descripción
(no) haber mucha gente
elegante
asientos incómodos
haber mucho ruido

Qué pasó
empezar una pelea
ocurrir un crimen
conocer a alguien
ganar/perder algo

Cómo lo pasaron
terrible
regular
fantástico
(no) divertirse

Por qué
???

____
____
____
____
____
____
____
____
____
____
____

Actividad 10: Una vida interesante. Los padres de Ramón, Víctor y Marisel Palacio están muy orgullosos de sus hijos. Lee los datos de los hijos de la familia Palacio y después escribe un párrafo explicando la vida de cada uno. Usa el imperfecto, el pretérito o el presente del indicativo al escribir.

- **Párrafo 1: Ramón**
  asistir a una academia militar de joven
  capitán en la fuerza aérea de su país ahora
  ponerse contento porque su esposa tener una niña el año pasado

- **Párrafo 2: Víctor**
  sufrir un accidente de moto y perder la vista—ciego
  famoso al ganar un maratón en 1995 siendo ciego

- **Párrafo 3: Marisel**
  seguir la carrera de negocios internacionales
  activa en la Asociación de Mujeres Ejecutivas (AME)
  presidenta de la AME 1990–93
  encantada al recibir el Premio Nóbel de Economía en 1994

____

____

____

____

____

____

____

____

____

____

____

____

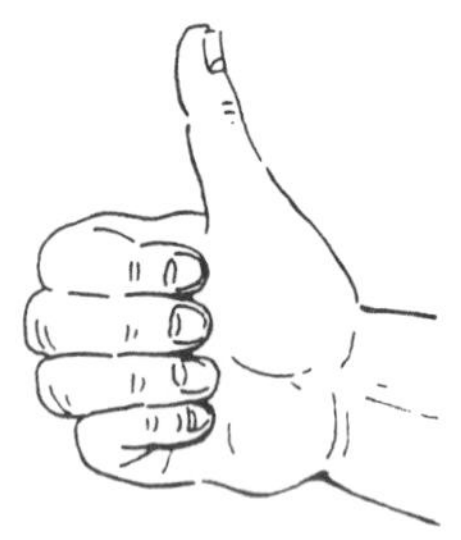

Actividad 11: El cine. Narra el argumento *(plot)* de una película.

> Vi *Atracción fatal.* Actuaron Michael Douglas y Glenn Close. Al empezar la película, Michael Douglas estaba casado, pero tuvo un amorío *(fling)* con ella. Ella se enamoró de él. Cuando él quería reconciliarse con su esposa, la amante se volvió loca y ...

Nombre de la película: ______________________________

Protagonistas: ____________________, ____________________, ____________________

____

____

____

____

____

Actividad 12: Reacciones. Contesta las siguientes preguntas para describir tus reacciones. Usa la palabra **cuando** en tus respuestas.

1. ¿Cuándo te aburres? ____________

   Explica dónde estabas y qué pasó la última vez que estabas aburrido/a. ____________

2. ¿Cuándo te enojas? ____________

   Explica dónde estabas y qué pasó la última vez que te enojaste.

Actividad 13: Las relaciones amorosas. Contesta las siguientes preguntas sobre las relaciones amorosas.

1. ¿Qué piensas de la gente que se enamora a primera vista?

2. ¿Qué significa comprometerse? ¿Cuánto tiempo antes de casarse se compromete la gente? ¿Tienes amigos que están comprometidos? ¿Es necesario estar enamorado para estar comprometido?

3. En tu opinión, ¿por qué la mayoría de la gente se casa en vez de simplemente vivir juntos? ____________

4. En tu opinión, ¿por qué la gente se divorcia más hoy en día que en el pasado? Menciona por lo menos tres razones. ______________________________

____

____

____

____

5. Parece que hay muchas personas famosas que están divorciadas. ¿Estás de acuerdo con esta frase? Explica por qué sí o no. ______________________________

____

____

____

Actividad 14: ¿Qué ocurrió? Anoche fuiste a una fiesta donde ocurrieron muchas cosas inesperadas. Escribe oraciones para explicar qué pasó. Usa los verbos **ponerse** o **volverse**.

1. Juanita bebió mucha cerveza. (borracha) ______________________________

____

2. Cuando entró Fernando, vio a su novia besando a otro hombre. (histérico y furioso) ___

____

3. Vino Raquel acompañada de un perro lazarillo *(guide dog)*. Yo sabía que había estado muy enferma, pero no sabía que había perdido la vista. (ciega)

____

4. Fue un placer ver a Raquel bailar como antes y hasta cantó unas canciones. Nos alegramos mucho de tenerla en la fiesta. (contentos) ______________________________

____

Actividad 15: La reunión. Tu abuelo asistió a una reunión de ex alumnos de la escuela secundaria. Escribe oraciones sobre qué hizo cada uno de sus compañeros, usando **convertirse, hacerse, llegar a ser, ponerse** o **volverse**.

1. Hernando Ramírez: estudió derecho y trabajaba para mejorar la vida de la gente de los barrios pobres. (senador federal) ______________________________

____

2. Francisco Vargas: era hombre de negocios, pero perdió a sus hijos y a su mujer en un incendio en su casa. Ahora el pobre está en un manicomio porque no fue capaz de seguir viviendo sin ellos. (loco) ______________________________

____

3. Begoña Rodríguez: practicaba medicina en el mejor hospital del país. Ahora es la doctora personal de la familia del presidente. Es viuda. (muy respetada profesionalmente) ____________

4. Miguel Jiménez: era contador. Era el ex novio de Begoña y la volvió a ver por primera vez en la reunión después de muchos años. Se murió su esposa el año pasado. Ver a Begoña fue inesperado y emocionante para él. (feliz) ____________

5. María José Peña: era muy católica y asistía a misa diariamente cuando estaba en la escuela. Sus amigos pensaban que iba a ser monja. Ahora no es católica. (evangelismo)

____

Actividad 16: La herencia.

Parte A: Todos heredamos *(inherit)* ciertas características positivas de nuestros parientes. Primero, marca los tres adjetivos que te describan mejor y después di de quiénes heredaste estas características.

☞ **Soy muy idealista y esto lo heredé de mi abuelo paterno.**

- ❑ acogedor/a
- ❑ idealista
- ❑ juguetón/juguetona
- ❑ cariñoso/a
- ❑ prudente
- ❑ optimista
- ❑ espontáneo/a
- ❑ intrépido/a
- ❑ paciente

____

Parte B: También heredamos características negativas. Marca las dos que te describan mejor y di de quienes las heredaste.

- ❑ atrevido/a
- ❑ holgazán/holgazana
- ❑ caprichoso/a
- ❑ impulsivo/a
- ❑ malhumorado/a
- ❑ tacaño/a
- ❑ celoso/a
- ❑ pesimista

____

Actividad 17: ¿Positivo o negativo? Di si te consideras realista o no. Después, explica si es bueno o no ser realista.

____

____

____

____

Actividad 18: Ser o estar. Completa las siguientes conversaciones con la forma apropiada de **ser** o **estar** en el presente del indicativo o el imperfecto.

1. — ¡RODRIGO! ¿______________ allí?
   — Shhhhhhh, el niño ______________ durmiendo.
   — ¡Uaaaaa!
   — Bueno, ahora ______________ despierto. ¿Qué quieres?
2. — Claudia ______________ enferma. Tiene fiebre, tos y le duele todo el cuerpo.
   — Debe tomar jugo de naranja y acostarse.
   — Es verdad, el jugo de naranja ______________ muy bueno.
   — Pero debe ser natural; yo compré unas naranjas que ______________ increíblemente deliciosas.
3. — Ayer vi un accidente horrible: un carro atropelló *(ran over)* un perro.
   — ¿Qué le pasó al perro?
   — ______________ vivo, pero sangraba un poco. Creo que va a estar bien.
   — ¿Y el conductor del carro?
   — El conductor ______________ muy nervioso. Le llevó inmediatamente al perro a un veterinario.
4. — ¡Carlos! ... ¡Carlos! ... ¡CARLOOOOOOS!
   — ¿Qué quieres? No ______________ sordo.
5. — ¿Qué tal tu ensalada?
   — ______________ buenísma. ¿Y tu sopa de pescado?
   — Muy rica, pero ______________ un poco fría.

Actividad 19: La suplente. Marcela, una maestra suplente *(substitute teacher)*, le deja una nota a un maestro sobre la clase que ella enseñó ayer. Completa la nota usando la forma apropiada de **ser** o **estar**. Usa el imperfecto, el pretérito o el presente del indicativo.

NOMBRE ______________________________ FECHA ______________

Daniel:

Tienes unos estudiantes muy interesantes y disfruté de tu clase. Realmente los estudiantes ______________ listos y ______________ bastante activos: Carlitos Rivera ______________ un niño muy alegre. Y hay algunos estudiantes que ______________ bastante traviesos y hay unos cuantos que ______________ holgazanes. Ayer Susana ______________ muy enojada y nunca entendí por qué. No quiso hablar en toda la clase. Y Marcos, que yo sé que ______________ bueno, ayer ______________ muy juguetón. Por supuesto ______________ sorprendidos porque tú no fuiste a clase y porque ______________ enfermo. ¡Qué buen grupo tienes! Yo ______________ muy contenta por haber tenido esa oportunidad, pero tus alumnos te extrañan; ______________ muy acostumbrados a tu estilo de enseñar. Espero que te recuperes pronto.

Saludos,

Marcela

Actividad 20: El día de Reyes. La familia de Tomás tiene buen sentido de humor, y para el seis de enero (el día de Reyes), ellos siempre reciben y dan regalos raros. Termina este párrafo de Tomás con el complemento indirecto apropiado **(me, te, le, nos, os, les)**.

Todos los años mis padres ______________ dan unos regalos ridículos a mis hermanos y a mí. Este año, mis padres ______________ mandaron un huevo, una patata y una cebolla por Federal Express a mi hermano Marco que ahora estudia en Stanford en los Estados Unidos. Marco ______________ había dicho en una carta a nosotros que echaba de menos la tortilla española. A mi hermana, yo ______________ compré comida de perro porque ella ______________ había dicho que nuestro perro era el que mejor vivía de la familia. Y a mí, mis padres ______________ regalaron un disco de Barry Manilow porque un día ______________ comenté que la música de hoy es mejor que la música de los años 70. Todos los hermanos ______________ dimos a nuestros padres dos entradas para la ópera. Odian la ópera, pero siempre ______________ dicen que no salen lo suficiente y necesitan más vida cultural. Pero lo mejor fue el regalo que recibimos de mis abuelos paternos: ______________ mandaron un libro con el título *Regalos perfectos para la persona que lo tiene todo.*

Actividad 21: ¡Qué absurdo! Contesta estas preguntas sobre regalos.

> *NOTE:* **regalarle algo** = hacerle un regalo

1. ¿A quiénes les haces regalo y para qué ocasiones? ______________________

____

____

2. ¿Quién te dio el regalo más ridículo que recibiste y qué era? ______________________

____

____

3. ¿Cuál es el regalo más tonto que compraste? ¿A quién le diste este regalo? ¿Cómo reaccionó al abrirlo? ______________________

____

____

____

4. ¿Alguno de tus parientes tiene mal gusto? ¿Te compra ropa de regalo? ______________________

____

Si contestas que sí, describe la última prenda que te regaló. ______________________

____

____

Actividad 22: Rigoberta Menchú.

Parte A: Completa esta descripción de la vida de Rigoberta Menchú. Escribe la forma apropiada del verbo indicado en el pretérito o el imperfecto. Los verbos están en orden.

nacer	Rigoberta Menchú ______________ en un pueblo en las
ser	montañas de Guatemala, el cual ______________ totalmente
	inaccesible excepto a pie o a caballo. Ella es quiché, uno de los 22
hablar	grupos indígenas de Guatemala. Los quiché ______________
	su propio idioma y no el español de los blancos y los mestizos. Cuando
ser/trabajar	______________ joven, su familia ______________
	ocho meses del año en las fincas de café lejos de su pueblo natal. Ellos
recoger	______________ café para los dueños ricos que lo
exportar	______________ a otros países. Los Menchú
pasar	______________ los otros cuatro meses en su pueblo donde
cultivar	______________ maíz y frijoles en una tierra poco fértil. Los
pagar	dueños les ______________ poco y las condiciones de trabajo
ser	y vivienda ______________ horribles. Los

NOMBRE ______________________ FECHA ______________

tratar ______________ casi como animales. Uno de sus hermanos
morir ______________ de hambre y otro de intoxicación,
probablemente por algún insecticida en las plantas.
tener Cuando ______________ doce años, los curas católicos
elegir ______________ a Rigoberta para enseñarle la palabra de
Dios a su gente, reconociendo el talento y la inteligencia de esa joven.
irse Unos años después, ______________ a la ciudad para
empezar trabajar limpiando las casas de los ricos. Allí ______________
ir a aprender el español que más tarde ______________ a ser su
arma contra sus opresores, los mestizos y los blancos que
controlar ______________ el país.
ir Los problemas ______________ de mal en peor para su
gente. Con la intención de ayudarlos, la familia Menchú
comenzar ______________ a participar en organizaciones políticas.
ocurrir Esto ______________ por la necesidad de sobrevivir.
empezar Los soldados ______________ a llegar a su región y poco a
llegar poco la desaparición de personas ______________ a ser un
acontecimiento casi diario. Los soldados y el gobierno
llamar ______________ subversivos y comunistas a los quiché, pero
querer según Rigoberta, ellos sólo ______________ parar el
genocidio y buscar una manera de convivir en paz y respeto mutuo.
arrestar/ Los soldados ______________ y ______________
torturar a un hermano de Rigoberta por 16 días antes de quemarlo en público y
mirar mientras su familia y otros de la zona ______________
tener aterrorizados. Él sólo ______________ 16 años. Su padre
morir también ______________ de manera muy violenta en una
raptar protesta en la capital. Más tarde los soldados ______________
matar/dejar y ______________ a su madre y les ______________
su cadáver a los perros.
tener Al final, Menchú ______________ que salir de Guatemala
estar porque los soldados la ______________ buscando y ella
saber/ir ______________ que la ______________ a matar.
huir Por eso ______________ a México y allí

empezar	______________________	a contarle su historia al mundo y
llegar	______________________	a ser uno de los líderes de su gente. La
reconocer	______________________	mundialmente en 1992 cuando
ganar	______________________	el Premio Nóbel de la Paz por su trabajo y
	lucha por su pueblo.	

Parte B: La vida de Rigoberta Menchú es increíblemente dura y esta mujer merece nuestro respeto y admiración. A pesar de su situación, pudo ayudar a otras personas. Contesta estas preguntas sobre tu vida y lo que hace tu universidad para ayudar a otros.

1. ¿Hacías, hiciste o haces algo en este momento para ayudar a otras personas? Si no, ¿te gustaría hacer algo? Explica tu respuesta.

____

____

____

____

____

____

2. ¿Qué programas existen a través de tu universidad para trabajar como voluntario/a en la comunidad u otros lugares? Si no sabes, averigua *(find out)*. ______________

____

____

____

____

____

____

Capítulo 5

Actividad 1: Deseos. Completa la siguiente conversación que tuvo lugar en la cafetería de una empresa. Usa el infinitivo o el subjuntivo.

Juan: Mi jefe quiere que yo ____________________ por lo menos dos meses al año. (viajar)

Laura: Eso no es nada. La compañía insiste en que Pepe y yo ____________________ a la Patagonia para hacer estudios biológicos que van a durar dos años. Nosotros preferimos que ____________________ a alguien nuevo para hacerlo. No queremos ____________________ allí. (mudarnos, emplear, vivir)

Juan: Pues, les recomiendo que ____________________ otro trabajo porque si la compañía quiere algo, lo consigue. (buscar)

Laura: ¿Por qué no hablamos de otro tema? ¿Qué me sugieres que ____________________ para comer? (pedir)

Juan: Dicen que el pollo asado es muy bueno aquí, pero yo prefiero ____________________ algo más ligero como una ensalada. (pedir)

Laura: Es mejor que ____________________ bien porque esta tarde tenemos tres horas seguidas de reuniones aburridas. (almorzar)

Juan: Es verdad. No quiero que el estómago ____________________ ruidos raros delante de los clientes. (hacer)

Laura: Como dicen, es importante ____________________ una buena imagen. (presentar)

Actividad 2: ¿Aconsejable o no? Tienes un amigo que va a pasar tres meses en la selva amazónica trabajando. Dale consejos para el viaje.

1. Es importante que tú ____________________ tu pasaporte con un mes de anticipación. (sacar)
2. Te aconsejo que ____________________ si necesitas algunas vacunas contra las enfermedades que pueda haber. (averiguar)
3. Te recomiendo que ____________________ ropa ligera pero fácil de lavar. (comprar)
4. Te ruego que ____________________ cuidado con los animales porque no los conoces y pueden ser peligrosos. (tener)
5. Es importante ____________________ qué plantas se pueden comer porque algunas pueden ser venenosas. (saber)

Actividad 3: Consejos.

Parte A: La universidad te pidió hacer una presentación a un grupo de jóvenes de 17 años que van a asistir a tu universidad el año que viene. En la presentación debes incluir una lista de los cinco consejos mejores que darías para tener éxito en la vida académica.

1. Es importante que Uds. ____
____.
2. Es buena idea ____
____.
3. Les recomiendo que ____
____.
4. Les aconsejo que ____
____.
5. Sugiero que ____
____.

Parte B: Ahora, tienes que hacer otra lista para el mismo grupo de futuros estudiantes con cinco consejos para tener una vida social activa e interesante.

1. Es necesario que Uds. ____
____.
2. Es preciso ____
____.
3. No quiero que Uds. ____
____.
4. Es importante que ____
____.
5. Les aconsejo que no ____
____.

Actividad 4: La persona perfecta.

Parte A: Todos estamos en busca de nuestra "media naranja" *(perfect mate)*. A veces el amor no es suficiente. Mira la lista y marca las frases que mejor describan a tu persona ideal. Añade algo más al final si quieres.

NOMBRE ______________________________ FECHA ______________

- ❑ tener buen sentido de humor
- ❑ gustarle la misma música que a mí
- ❑ tener amigos simpáticos
- ❑ respetar mi punto de vista
- ❑ ser religioso/a
- ❑ querer vivir en una ciudad
- ❑ no fumar
- ❑ saber cocinar bien
- ❑ ______________________
- ❑ no mirar televisión a todas horas
- ❑ divertirse haciendo cosas simples
- ❑ vestirse bien
- ❑ compartir mis opiniones políticas
- ❑ tocar un instrumento musical
- ❑ querer vivir en el campo
- ❑ no consumir drogas
- ❑ ser atractivo/a
- ❑ ______________________

Parte B: Ahora, forma oraciones con las frases que marcaste en la Parte A para describir a tu pareja perfecta. Usa frases como **es importante que, es preferible que, es preciso que, es mejor que, quiero que, espero que, insisto en que,** etc.

> *NOTE:* **pareja** = *partner, significant other (feminine even if referring to a man)*

☞ **Para mí, es importante que mi pareja respete mi punto de vista porque ...**

____

____

____

____

____

____

____

____

____

Actividad 5: Los deseos para el Año Nuevo.

Parte A: Completa los deseos de Lorenzo Dávila para el Año Nuevo usando el infinitivo o el presente del subjuntivo de los verbos que se presentan.

traer	Yo espero que este año me ______________ experiencias nuevas.
conseguir	Es importante que ______________ un trabajo nuevo y es preciso
trabajar	que yo ______________ en una ciudad con una vida cultural
tener	interesante y estimulante. Digo esto porque quiero ______________
	la oportunidad de actuar en un teatro en mi tiempo libre. No es importante
actuar	que ______________ en un teatro profesional. Es necesario que
ganar	______________ dinero en mi trabajo y también que
divertirse	______________ fuera de la oficina.

Parte B: Ahora escribe tus deseos para el año que viene. Usa expresiones como **es necesario (que), quiero (que), espero (que), es mejor (que) ...,** etc.

> **NOTE:** *Use an infinitive if there is no change of subject and* **que** *is not present.*

____

____

____

____

____

____

Actividad 6: Las exigencias. Se habla mucho de la desintegración de la familia hoy en día y cómo puede ser ésta una de las causas de la delincuencia. Escribe cinco cosas que la sociedad les debe exigir a los padres.

☞ **La sociedad les debe exigir a los padres que les expliquen a sus hijos las consecuencias de sus actos.**

1. ____
____
2. ____
____
3. ____
____
4. ____
____
5. ____
____

Actividad 7: Lo que oyen los niños. Los padres siempre les dan instrucciones y órdenes a sus hijos. Muchas veces empiezan pidiéndoles que hagan algo y después lo repiten de una forma más dura cuando los niños no responden en seguida. Convierte las oraciones de la primera columna en oraciones más duras. Sigue el modelo.

☞ Debes comer todo. **Te digo que comas todo.**

1. Debes hacer la cama. ______________________
2. ¿Puedes bajar el volumen un poco? ______________________
3. Uds. no deben molestar a su hermano. ______________________
4. Tienen que limpiar el baño. ______________________
5. No debes pegarle a tu hermano. ______________________
6. Tienen que sacar la basura. ______________________

7. Tienes que practicar la lección de piano esta noche. ______________________

Actividad 8: La reunión de profesores. Tú trabajas como profesor/a en una universidad. Asististe a una reunión con la coordinadora de un curso sobre observaciones y reglas para los exámenes finales. Una compañera no pudo venir. Forma oraciones para decirle qué pasó. Comienza cada idea con **Nos dice que (nosotros) ...**

> *NOTE: Use the subjuntive with* **decir** *only to convey orders; use the indicative to provide information.*

☞ Enseñarle las dos versiones del examen final.

Nos dice que le enseñemos las dos versiones del exámen final.

1. Observar la clase de un colega y escribir una evaluación. ______________________
2. Cada profesor preparar el examen final para su clase. ______________________
3. El examen no tener más de seis páginas. ______________________
4. Hacer dos versiones del examen final. ______________________
5. La fecha del examen ser el 17 de diciembre. ______________________
6. Vigilar a los estudiantes durante el examen porque los alumnos se copian. ______________________
7. Corregir el examen minuciosamente. ______________________
8. Recibir el último cheque el 15 de diciembre. ______________________

Actividad 9: Tome decisiones con madurez. Completa los siguientes consejos para adolescentes sobre el consumo del alcohol. Usa mandatos formales.

Si no desean beber alcohol ...

1. ______________ la presión de sus amigos y ______________ fe en sí mismos. No ______________ que otras personas influyan de una manera negativa en su vida. (combatir, tener, dejar)
2. ______________ invitaciones a beber alcohol con firmeza si Uds. no quieren tomar. (rechazar)
3. No ______________ disculpas a nadie por no querer tomar alcohol. (pedirle)

Si desean beber alcohol ...

4. No ______________ carro o motocicleta si piensan beber. (conducir)
5. No ______________ mucho alcohol de golpe; es mejor beber despacio. (consumir)
6. Si deciden beber, ______________ algo. (comer)
7. ______________ que el alcohol no soluciona los problemas sino que los agranda. (recordar)
8. ______________ cuenta de que el abuso del alcohol aumenta la violencia y la posibilidad de contraer enfermedades venéreas. (darse)

Actividad 10: Mandatos. Lee los siguientes anuncios y reescríbelos de una forma más directa. Usa mandatos formales en plural. Sigue el modelo.

☞ **Se prohíbe fumar.** *Mandato directo:* **No fumen.**

1. Se prohíbe tocar. No ______________.
2. Se prohíbe estacionar. No ______________.
3. Se prohíbe entrar. No ______________.
4. Se prohíbe repartir propaganda. No ______________.
5. Se prohíbe hablar. No ______________.
6. Se prohíbe consumir bebidas alcohólicas. No ______________.
7. Se prohíbe poner anuncios. No ______________.
8. Se prohíbe hacer grafiti. No ______________.

Actividad 11: La úlcera. Éstas son las instrucciones que le dio una doctora a un paciente que tiene úlcera. Convierte las oraciones en mandatos.

1. Ud. tiene que dejar de comer comidas picantes.

   ____

2. Ud. no puede tomar café ni otras bebidas con cafeína.

   ____

3. Ud. tiene que preparar comidas sanas.

   ____

4. Es importante no hacer actividades que produzcan tensión en su vida.

   ____

5. Ud. debe pasar más tiempo con sus amigos y menos tiempo en el trabajo.

   ____

6. Ud. tiene que caminar por lo menos cinco kilómetros al día.

   ____

Actividad 12: El dilema.

Parte A: Piensa en uno de tus profesores de la escuela secundaria que no te caía bien. Describe qué hacía esta persona que te molestaba.

____

____

____

____

____

Parte B: Ahora, imagina que tienes la oportunidad de darle órdenes al/a la profesor/a de la Parte A para que sus clases sean mejores. Escribe por lo menos cinco mandatos.

1. ______________________________
2. ______________________________
3. ______________________________
4. ______________________________
5. ______________________________

Actividad 13: Pobres niños. Escribe órdenes que suelen escuchar los niños en un día típico.

> ✍ **NOTE:** *When adding object pronouns to affirmative commands, you may need to add accents.*

☞ Magda / escribirlo **¡Escríbelo!**

1. Carlitos / no tocarlo ______
2. Felicia / darle las gracias a la señora ______
3. Germán y Mauricio / ponerse la chaqueta ______
4. Roberto / tener cuidado porque esto quema ______
5. Fernanda / no jugar con la comida ______
6. Pepito / no entregar la tarea tarde ______
7. Carmen / hacerlo ya ______
8. Ramón / sacarse el dedo de la nariz ______
9. Mónica y Silvia / escucharme ______
10. Felipito / decir la verdad y no mentir más ______

Actividad 14: Los consejos. Tienes dos amigos que siempre se contradicen al darte consejos. Escribe qué dijo cada uno de ellos.

Amigo A	Amigo B
1. No hagas la tarea, sal a divertirte.	1. ______
2. ______	2. No le digas mentiras a tu pareja.
3. Ponte un par de jeans y una camiseta para ir a la fiesta.	3. ______
4. No le hagas favores a Raúl.	4. ______
5. ______	5. No vayas al trabajo el sábado; ven con nosotros a la playa.

Actividad 15: Una compañera insoportable. Tienes una compañera de apartamento que nunca hace lo que debe hacer. Por eso, tienes que decirle lo que debe hacer, pero nunca te escucha. Entonces tienes que repetirlo y ser más directo. Usa mandatos informales y pronombres de complemento directo si es posible. Sigue el modelo.

☞ Tienes que lavar los platos. **Lávalos.**

1. Por favor, ¿puedes bajar la radio? ______
2. No quiero que dejes la ropa en el suelo del baño. ______

3. ¿Podrías limpiar la bañera? ____________________
4. Me molesta cuando fumas en la cocina. ____________________
5. Debes recoger el periódico. ____________________
6. Tienes que ir a la lavandería. ____________________
7. No puedes sacar la basura por la tarde. ____________________
8. Tienes que sacar la basura por la mañana temprano. ____________________

Actividad 16: ¡Ojo! Escribe mandatos para las siguientes situaciones. Para hacerlo, primero marca si debes usar mandatos formales o informales y segundo si son singulares o plurales. Después, escribe los mandatos apropiados.

1. ❑ formal ❑ informal
   ❑ singular ❑ plural

   No cruzar. ____________________

2. ❑ formal ❑ informal
   ❑ singular ❑ plural

   No meter la mano. ____________________

3. ❑ formal ❑ informal
❑ singular ❑ plural

Poner las manos en alto. ______________________________

4. ❑ formal ❑ informal
❑ singular ❑ plural

No jugar con fósforos. ______________________________

POLICÍA

5. ❑ formal ❑ informal
❑ singular ❑ plural

No acercarse más. ______________________________

6. ❑ formal ❑ informal
❑ singular ❑ plural

No tocarlo. ______

7. ❑ formal ❑ informal
❑ singular ❑ plural

Salir de allí. ______

Actividad 17: Las instrucciones. Mira la Actividad 15 en la página 129 del libro de texto. Imita el estilo y el humor de ese fax y escribe otro con el siguiente título:

Instrucciones para los que quieren graduarse de la universidad sin mucho esfuerzo

I. ______

II. ______

III. ______

IV. ______

V. ______

Actividad 18: Los sabores. Organiza las siguientes comidas en grupos según su sabor.

arroz con frijoles	chocolate	huevos	papas fritas
arroz sólo	flan	limón	piña
bróculi	galletas	mango	pizza
carne	helado	pan tostado sin nada	sopa de pollo

1. dulce: ____________________
2. amargos: ____________________
3. insulsos: ____________________
4. salados: ____________________

Actividad 19: Envases. Marca en qué tipo de envase se compran las siguientes cosas. Es posible marcar más de uno para cada artículo.

	botella	frasco de plástico	lata	paquete
1. Pepsi	❑	❑	❑	❑
2. aceite de oliva	❑	❑	❑	❑
3. sopa	❑	❑	❑	❑
4. leche condensada	❑	❑	❑	❑
5. un pastel de Duncan Hines	❑	❑	❑	❑
6. salsa de tomate	❑	❑	❑	❑
7. catsup y mostaza	❑	❑	❑	❑
8. vino	❑	❑	❑	❑

Actividad 20: Diferentes sistemas. Cambia las frases siguientes para reflejar las costumbres de los países hispanos donde se usa el sistema métrico.

En los Estados Unidos compramos ...	**En los países Hispanos compran ...**
1. la carne por libra.	____________________
2. la leche por galón.	____________________
3. las especias por onzas.	____________________
4. las verduras por libras.	____________________

NOMBRE ______________________________ FECHA ______________

Actividad 21: Hábitos.

Parte A: Contesta estas preguntas sobre tus hábitos alimenticios.

1. ¿Qué comiste ayer? Incluye absolutamente todo. ______________________________

2. ¿Sueles comprar verduras frescas, enlatadas o congeladas? ______________________________

3. ¿Cuántas bebidas que contienen cafeína consumes al día? ______________________________

4. ¿Sueles comer comida alta o baja en calorías? ______________________________

5. ¿Cuáles son algunas comidas de alto contenido graso que te gustan? ______________________________

   ¿Con qué frecuencia sueles comerlas? ______________________________

6. ¿Sueles tomar un refresco dietético y después un postre lleno de calorías? ______________________________

7. Si comes algo tarde por la noche, ¿es liviano o pesado? ______________________________

8. ¿Tomas desayuno, almuerzo y cena todos los días? ______________________________

Parte B: Según tus respuestas de la Parte A, analiza si tienes buenos o malos hábitos alimenticios. ¿Qué puedes hacer para llevar una vida más sana?

____

Actividad 22: Una receta. Completa la siguiente receta para hacer una tortilla española usando el **se** pasivo (por ejemplo, **se pone / se ponen**) de cada verbo indicado.

Tortilla española

5 papas grandes, picadas
aceite de oliva
sal

4 huevos, batidos
1 cebolla, picada

__________________ (poner) bastante aceite en una sartén a fuego alto. Mientras __________________ (calentar) el aceite, __________________ (cortar) cinco papas grandes en rodajas finas. __________________ (añadir) sal al gusto. También __________________ (picar) una cebolla. __________________ (freír) las papas y la cebolla en el aceite caliente hasta que estén doradas y blandas. Mientras tanto, __________________ (batir) cuatro huevos bien batidos. __________________ (agregar) sal al gusto. Después __________________ (quitar) las papas y la cebolla de la sartén y __________________ (mezclar) con los huevos. __________________ (sacar) la mayor parte del aceite de la sartén dejando sólo un poquito. __________________ (echar) todo en la sartén y __________________ (poner) a fuego alto. __________________ (cocinar) poco tiempo y se le da la vuelta poniendo un plato encima. Después de hacer esto una vez más, __________________ (reducir) el fuego y __________________ (dejar) cocinar. __________________ (servir) la tortilla española fría o caliente.

Actividad 23: Los novatos. Los universitarios norteamericanos de primer año (los novatos) suelen engordar entre cinco y ocho kilos durante el primer año. Al final del año, los jeans que llevaban en septiembre ya no les quedan bien. Escribe un artículo corto para un periódico, siguiendo las instrucciones para cada párrafo.

Párrafo 1: Explica el problema. Incorpora frases como **suele/n comer, por la noche pide/n, en las fiestas bebe/n, altas en calorías / grasas.**

____
____
____
____
____

NOMBRE ____________________ FECHA ____________

Párrafo 2: Dales consejos a los estudiantes para no engordar durante su primer año. Usa frases como **les aconsejo que, es mejor, es preciso, les digo que**.

____

____

____

____

____

Párrafo 3: Haz una lista de cinco mandamientos graciosos *(funny)* para no engordar para dárselos a un estudiante de primer año. Escribe los mandatos con la forma de **tú.**

1. ____
____
2. ____
____
3. ____
____
4. ____
____
5. ____
____

NOMBRE ______________________ FECHA ____________

Capítulo 6

Actividad 1: El miedo.

> **NOTE:** *Use the subjunctive if there is a change of subject; otherwise, use the infinitive.*

Parte A: Termina estas oraciones sobre el miedo y acontecimientos desagradables.

1. Teme ______________ en la oscuridad. (estar)
2. Tiene miedo de que un gato negro ______________ en su camino. (cruzar)
3. Tiene miedo de que la policía lo ______________ y le ______________ documentación. (parar, pedir)
4. Teme que ______________ haber una guerra nuclear. (poder)
5. Es una lástima que no ______________ buenos trabajos para los jóvenes de hoy. (haber)
6. Es una pena que mucha gente ______________ de drogas como cocaína y esteroides. (abusar)
7. Tiene miedo de ______________ solo. (vivir)
8. Es lamentable que ______________ tanta violencia entre los jóvenes. (existir)
9. Teme no ______________ a la persona de sus sueños. (encontrar)
10. Es horrible que mucha gente ______________ los estudios a una edad temprana. (dejar)

Parte B: Ahora, escribe tres oraciones sobre las cosas que tú temes.

1. ______________________________
2. ______________________________
3. ______________________________

Actividad 2: La corrupción. La siguiente carta se publicó en un periódico. Complétala con la forma correcta de los verbos que se presentan. Los verbos están en orden.

Estimados lectores:

Escribo esta carta para expresar mi indignación con los funcionarios del

hacer gobierno. Es lamentable que los oficiales no ______________

nada contra la corrupción que hay en este gobierno. Es imprescindible

haber que ______________ un sistema de controles para mantener

votar	la ética laboral. Por un lado, es obligatorio ______________________
	para elegir a quienes nos van a gobernar, pero por otro, no es necesario
explicar	que el gobierno le ______________________ al ciudadano qué hace
	con su dinero. Por mi parte, me molesta que nosotros les
pagar	______________________ el sueldo a estos individuos corruptos, que
estar	estos funcionarios no ______________________ en contacto con el
trabajar	pueblo y que no ______________________ por el beneficio del pueblo
	sino por su propio beneficio. Como padre de familia, temo que nuestra
estar	generación les ______________________ dando un mal ejemplo a
ocurrir	nuestros hijos. Lamento que esto ______________________ y ojalá
solucionar	que se ______________________ pronto la situación.
	Un ciudadano como cualquier otro

Actividad 3: Reacciones.

Parte A: Marca **C** si piensas que las oraciones son ciertas y **F** si piensas que las oraciones son falsas.

1. ______ El nivel de la enseñanza en los Estados Unidos es más bajo cada año.
2. ______ Los americanos gozan *(enjoy)* de un nivel de vida muy alto.
3. ______ El consumo de drogas ilegales es un gran problema para todo el mundo.
4. ______ Los políticos son corruptos.
5. ______ Los grupos como la Organización Nacional del Rifle tienen demasiado poder.
6. ______ En este país necesitamos aclarar nuestros valores y principios morales.
7. ______ Hay separación de Estado e Iglesia en los Estados Unidos.
8. ______ Los políticos gastan demasiado dinero en las campañas políticas.

Parte B: Ahora, comenta sobre las oraciones que marcaste con **C** en la Parte A. Usa frases como es **bueno, es lamentable, me da pena, temo, tengo miedo**.

____

____

____

____

____

____

____

NOMBRE ______________________ FECHA ______________

Actividad 4: Raro, normal, sorprendente.

Parte A: Lee las siguientes oraciones y marca si las acciones son raras, sorprendentes o normales.

a. es raro b. es sorprendente c. es normal

1. ______ un padre / estar totalmente de acuerdo con las acciones de sus hijos
2. ______ un niño de 12 años / tocar música de Bach
3. ______ un estudiante universitario / tener más de lo necesario para pagar todos sus gastos
4. ______ una mujer con hijos / trabajar fuera de casa
5. ______ una persona / llevar una pistola consigo en los Estados Unidos
6. ______ los jóvenes / rebelarse contra la autoridad

Parte B: Ahora, da tus opiniones sobre estas situaciones y explica tus respuestas.

☞ **Es sorprendente que un padre esté totalmente de acuerdo con las acciones de sus hijos porque ...**

1. ____
____
2. ____
____
3. ____
____
4. ____
____
5. ____
____
6. ____
____

Actividad 5: ¡Qué emocionante!

Parte A: Expresa tus emociones sobre acontecimientos positivos del mundo actual. Escribe sobre el presente o futuro, no sobre el pasado.

1. ¡Es fantástico que ______________________________!
2. Me alegro de que ______________________________.
3. ¡Qué bueno que ______________________________!
4. Es maravilloso que ______________________________.

Parte B: Expresa tus emociones sobre acontecimientos negativos del mundo actual. No escribas sobre el pasado.

1. Es una pena que ______________________________.
2. Lamento que ______________________________.
3. Me molesta que ______________________________.
4. Es una lástima que ______________________________.

Parte C: Ahora expresa dos esperanzas para el futuro.

1. Ojalá que ______________________________.
2. Espero que ______________________________.

Actividad 6: Reacciones. Combina las expresiones de la primera columna con los acontecimientos de la segunda para formar oraciones.

> ***NOTE:*** *Remember to use* **haya, hayas,** *etc.,* + *past participle to refer to the past.*

Me sorprende que	Edison / inventar la electricidad
Es bueno que	morir tantos indígenas en Guatemala
Es una pena que	Hitler y Mussolini / perder la Segunda Guerra Mundial
Es fantástico que	los españoles / traer enfermedades al continente americano
Es horrible que	los científicos / inventar la energía nuclear
Me alegro de que	los indígenas / mostrarles el chocolate a los europeos
	Óscar Arias y Rigoberta Menchú / recibir el Premio Nóbel de la Paz

____

____

____

____

____

____

____

NOMBRE ______________________ FECHA ______________

Actividad 7: Durante mi vida.

Parte A: Haz una lista de tres acontecimientos positivos y tres negativos que ocurrieron durante tu vida hasta el año pasado. Piensa en cosas como **Jordan volvió a jugar con los Bulls de Chicago; los Estados Unidos participaron en una guerra contra Iraq;** etc.

Positivos	**Negativos**
1. ______________	1. ______________
2. ______________	2. ______________
3. ______________	3. ______________

Parte B: Ahora, comenta sobre estos acontecimientos. Usa expresiones como **me alegro de que, me da pena que, es fantástico que, es una pena.**

☞ **Me alegro de que Michael Jordan haya vuelto a jugar basquetbol profesionalmente.**

____

Actividad 8: Observaciones y deseos. Termina estos deseos y observaciones sobre la educación con la forma apropiada de los verbos indicados. Usa el presente del subjuntivo, el presente perfecto del subjuntivo o el infinitivo.

1. Me alegro ...
   de ______________ a mucha gente de diferentes razas y religiones. (conocer)
   de que mis padres me ______________ libros en vez de juguetes bélicos. (regalar)
   de que mi futuro no ______________ límites. (tener)

2. Me sorprende ...
   que ______________________ casas sin libros en el mundo de hoy. (haber)
   que muchas personas no ______________________ a leer cuando estaban en la escuela primaria. (aprender)
   que ______________________ adultos analfabetos en nuestra sociedad. (haber)
3. Es una pena ...
   que el sistema educativo no ___________________ para ellos durante su niñez. (funcionar)
   que hoy en día no todo niño ______________________ el mismo acceso a la enseñanza. (tener)
   ______________________ analfabetismo. (tener)
4. Ojalá ...
   que los niños ______________________ libros en el futuro. (tener)
   que ______________________ leer. (saber)
   que les ______________________ los cuentos de Aladino. (encantar)
   que ______________________ a pensar por sí mismos al leer. (aprender)

Actividad 9: Tu educación. Escribe un párrafo sobre la manera en que te criaron *(raised you)* tus padres. Habla de los puntos buenos y los malos.

☞ **Me alegro de que mis padres me hayan dejado ... A la vez me molesta que ellos no ...**

____
____
____
____
____
____

Actividad 10: Situaciones políticas. Da ejemplos de las siguientes situaciones políticas. No es necesario escribir oraciones completas.

1. tres países con inestabilidad política en la actualidad ______________________
   ____
2. tres países con estabilidad política hoy en día ______________________
   ____
3. un país que tuvo un golpe de estado recientemente ______________________
4. un lugar donde hay dictadura ______________________
5. un tratado que se firmó últimamente ______________________
   ____

6. un asunto político importante hoy en día en los Estados Unidos ______________

____

7. un país donde se violan los derechos humanos ______________
8. grupos que sufren de discriminación racial ______________

____

9. tres mujeres políticas importantes ______________

____

Actividad 11: ¿Cierto o falso?

Parte A: Marca si piensas que las siguientes oraciones son ciertas **(C)** o falsas **(F)**.

1. ______ Costa Rica tiene más profesores que policías.
2. ______ Tanto Panamá como Costa Rica no tienen fuerzas militares.
3. ______ En Argentina existe separación entre el Estado y la Iglesia, pero para ser presidente hay que ser católico.
4. ______ La CIA participó en el golpe de estado de Chile en 1973 para derrocar a Allende, un presidente elegido democráticamente.
5. ______ Durante los años 80 y principios de los 90, Gabriel García Márquez, ganador del Premio Nóbel de Literatura, no pudo entrar en los Estados Unidos.
6. ______ En las primeras elecciones después de la muerte de Francisco Franco, las campañas electorales en España duraron solamente tres semanas.

Parte B: Todas las oraciones de la Parte A son ciertas. Escribe tus opiniones sobre esos datos históricos. Usa frases como **me sorprende que, es una lástima que, es bueno que,** etc.

> *Remember to use* **haya, hayas,** *etc., + past participle to refer to the past.*

1. ______________________________

____

2. ______________________________

____

3. ______________________________

____

4. ______________________________

____

5. ______________________________

____

6. ______________________________

____

Actividad 12: ¿Qué opinas de política? Di si **te sorprende**, si **te da lástima**, o simplemente si **no te importa** cuando las siguientes situaciones ocurren en los Estados Unidos. Justifica tu opinión.

☞ Gastan más de 10 millones de dólares en una campaña electoral para ser congresistas federales.

Me sorprende que gasten 10 millones de dólares ... porque ...

1. Un político paga pocos impuestos. ______________________________

____

2. Hay corrupción en muchos sectores del gobierno. ______________________________

____

____

3. Los candidatos presidenciales gastan mucho dinero en su campaña electoral. __________

____

4. Un político tiene una aventura amorosa. ______________________________

____

5. Otro país contribuye dinero a la campaña electoral de un candidato. __________

____

Actividad 13: Pros y contras. Comenta los pros y los contras de las siguientes ideas. Usa frases como **es bueno/malo que, es una pena que, es una lástima que, es lamentable que, es una vergüenza que, es fantástico que, espero que, ojalá.**

1. Las campañas electorales deben durar sólo tres semanas.

Pro	**Contra**
______________	______________
______________	______________
______________	______________

2. Hay que censurar ciertas ideas porque si no, la sociedad sufre decadencia moral.

Pro	**Contra**
______________	______________
______________	______________
______________	______________

3. El voto debe ser obligatorio.

Pro	**Contra**
______________________	______________________
______________________	______________________
______________________	______________________

4. Una junta militar es mucho más eficiente que una democracia.

Pro	**Contra**
______________________	______________________
______________________	______________________
______________________	______________________

Actividad 14: Prioridades.

Parte A: Existen y siempre han existido problemas en el mundo. Lee la siguiente lista y pon los problemas en orden numérico, del más importante (1) al menos importante (7) para ti.

a. ______ la venta de armas de países como los Estados Unidos, Rusia, Alemania o Japón al tercer mundo

b. ______ la destrucción del medio ambiente, especialmente de las zonas tropicales como la selva amazónica

c. ______ la educación de los analfabetos

d. ______ la falta de comida

e. ______ la violación de los derechos humanos

f. ______ la discriminación racial y religiosa

g. ______ la corrupción de los gobiernos y la influencia de las compañías multinacionales

Parte B: Ahora, explica qué puede hacer el gobierno de los Estados Unidos para ayudar a mejorar lo que marcaste como el problema más serio de la Parte A. Usa expresiones como **es preciso, es importante, quiero, espero, ojalá.**

____

____

____

____

____

____

Actividad 15: Miniconversaciones. Termina estas conversaciones con el infinitivo o la forma apropiada del indicativo o del subjuntivo del verbo indicado.

1. — ¿Qué opinas sobre el nuevo gobierno?
   — Es posible que ______________________ un buen programa doméstico. (establecer)
   — Otra cosa, no creo que ______________________ a ser igual de corrupto al gobierno anterior. (ir)
2. — No cabe duda que ______________________ a tener éxito la campaña electoral de María Ángeles Pérez Galván. (ir)
   — Sí, cada día es más popular. Es obvio que ______________________ a ganar. (ir)
   — No sé. Faltan siete días para el debate televisivo. Es probable que el otro candidato ______________________ más soluciones a los problemas domésticos. (dar)
   — Pero, ¿crees que él ______________________ llevarlas a cabo? (poder)
   — Obviamente no. Ningún político hace lo que promete.
3. — ¿Oíste que el dueño de la compañía REPCO niega que actualmente ______________________ o que ______________________ en el pasado algún tipo de discriminación contra la mujer? (existir, existir)
   — Está claro que él ______________________ . El récord de esa compañía es pésimo. Siempre hay demandas contra ellos. (mentir)

Actividad 16: De acuerdo o no.

Parte A: Marca si estás de acuerdo o no con las siguientes oraciones. Escribe la palabra **sí** si la oración refleja tus pensamientos; escribe **no** si no los refleja.

1. ______ Se gasta demasiado dinero en las campañas electorales.
2. ______ Hay menos discriminación racial en los Estados Unidos que en Europa.
3. ______ Los Estados Unidos invierten demasiado dinero en gobiernos de otros países.
4. ______ Puede haber un golpe de estado en los Estados Unidos en el futuro próximo.
5. ______ Se debe censurar la pornografía en los Estados Unidos.
6. ______ En los Estados Unidos existe total libertad de prensa.
7. ______ Existe la misma estratificación social en los Estados Unidos que en México.

Parte B: Ahora escribe oraciones sobre tus opiniones de la Parte A. Si escribiste **sí**, usa expresiones como **es cierto que, es evidente que, no cabe duda que, creo que**. Si escribiste **no**, usa expresiones como **no creo que, no es posible que, no es verdad que**.

1. ____
   ____

2. ______________________________

3. ______________________________

4. ______________________________

5. ______________________________

6. ______________________________

7. ______________________________

Actividad 17: Tu profesor/a.

Parte A: Escribe tres oraciones con datos de los cuáles estás seguro/a acerca de la vida de tu profesor/a.

☞ **Estoy seguro/a de que mi profesor/a tiene título universitario.**

1. ______________________________

2. ______________________________

3. ______________________________

Parte B: Ahora escribe tres dudas que tienes sobre las acciones de tu profesor/a y sus actividades.

☞ **Dudo que mi profesor/a haya trabajado en el Cuerpo de Paz.**

1. ______________________________

2. ______________________________

3. ______________________________

Actividad 18: ¿Qué pasó? Piensa en tu primer mes de universidad. Escribe oraciones, empezando con las siguientes expresiones sobre tus experiencias.

1. Lo más increíble ____
   ____.
2. Lo interesante ____
   ____.
3. Lo triste ____
   ____.
4. Lo más cómico ____
   ____.

Actividad 19: Tus últimas vacaciones. Escribe un párrafo sobre lo que hiciste en las últimas vacaciones y qué fue lo mejor, lo malo, lo triste, lo horrible, lo maravilloso y lo molesto de ellas.

☞ **El año pasado fui a Cancún para mis vacaciones de primavera. Lo mejor fue el agua cristalina y pura del Caribe.**

____
____
____
____
____
____

Actividad 20: Gente famosa. Identifica cinco personas de la lista. Usa pronombres relativos en las identificaciones.

☞ **Georgia O'Keefe fue una artista <u>que</u> pintó cuadros de flores y escenas del suroeste de los Estados Unidos.**

Andy Warhol
Alvin Ailey
Rosa Parks
Neil Armstrong
Marilyn Monroe
James Dean
Katherine Hepburn
Jesse James
Elvis Presley
Richard Nixon
Lucille Ball
Susan B. Anthony

1. ____
   ____
2. ____
   ____
3. ____
   ____

4. ____

____

5. ____

____

Actividad 21: Influencias. Escribe oraciones sobre personas o lugares que recuerdas de tu juventud. Debes usar pronombres relativos.

☞ enamorarte de una persona

Una persona de quien me enamoré fue mi profesora de música.

1. participar en un partido ______________________

____

2. estudiar con algún profesor/a especial ______________________

____

3. besar a una person ______________________

____

4. oír un concierto inolvidable ______________________

____

5. comer en un restaurante elegante ______________________

____

Actividad 22: Un discurso.

Parte A: Termina el siguiente discurso dado por un político después de haber cumplido un año en el poder. Escribe las formas correctas del subjuntivo, indicativo o infinitivo de los verbos indicados. En algunos casos, debes elegir entre dos opciones y escribir la palabra o palabras lógicas en los espacios.

Después de un año con el partido Alianza Común, espero que Uds. ______________________ (estar) contentos con los cambios. No queremos decepcionar a la gran mayoría de los ciudadanos ______________________ (que/quienes) votaron por AC.

Cuando los militares, con ______________________ (que/quienes) pasamos una época de terror e inseguridad, dejaron de gobernar, tuvimos un renacimiento de ideas y de libertades. Es fantástico que ahora Uds. ______________________ (poder) vivir en paz, que ______________________ (tener) voz en todos los aspectos del gobierno y que sus opiniones y necesidades ______________________ (formar) la base de nuestro gobierno de hoy y del futuro.

Durante mi primer año, hemos logrado muchos triunfos. Me alegro de:

- que el año pasado, el partido Alianza Común ______________________ (construir) 1.650 casas para gente necesitada,
- que el junio pasado, AC ______________________ (iniciar) programas preescolares y prenatales,
- que durante el año se ______________________ (abrir) 50 fábricas nuevas,
- que en sólo 12 meses ______________________ (bajar) el desempleo al 7,8%,
- que a través de este año, el gobierno ______________________ (respetar) los derechos humanos de toda su gente.

Estoy seguro de que Uds. ______________________ (apoyar) los objetivos de Alianza Común. No les quiero ______________________ (mentir). El progreso no ocurre de la noche a la mañana, ______________________ (lo que/quien) significa que poco a poco se va a ver el progreso. Espero ______________________ (poder) cumplir con mis promesas.

Ayer fue el cumpleaños de una de mis tres hijas, ______________________ (la que/quienes) todavía está en la escuela primaria; y vi en su cara y sus ojos el futuro de nuestra nación. Es verdad que nosotros les ______________________ (deber) a los niños un futuro seguro y sin preocupaciones. Ojalá que nosotros les ______________________ (poder) dar un buen futuro. Con la ayuda y apoyo de Uds., podemos convertir los sueños en realidad.

Parte B: Escribe un discurso de un político de los Estados Unidos que habla de lo que hizo él mismo o su partido el año pasado. Puede ser a nivel local, estatal o nacional. Usa el discurso de la Parte A como modelo e incluye cosas que hizo y promesas que espera cumplir.

____

____

____

____

____

____

____

____

____

____

Capítulo 7

Actividad 1: Una nota. Pablo le lleva unos folletos a su hermana, pero ella no está; entonces le deja la siguiente nota. Complétala con palabras afirmativas y negativas.

Querida Isabel:

Vine a traerte los folletos de Nicaragua pero no había ______________ en tu casa y como ______________ me diste llave de tu apartamento no pude entrar. Por eso pasé ______________ folletos por debajo de la puerta, pero no pude pasarlos todos. Todavía tengo ______________. Míralos y llámame si quieres más información. Puedes quedarte con los folletos porque ya no necesito ______________. ¿Piensas ir a Nicaragua sola o con ______________ amigo? Es más divertido si vas con ______________. ______________ en mi vida pasé unas vacaciones tan divertidas como las que pasé en Nicaragua.

Llámame esta noche y si no hay ______________ en casa, deja un mensaje en el contestador y te llamo.

Pablo

Actividad 2: Tu familia.

Parte A: Marca sólo las ocupaciones que tienen diferentes miembros de tu familia.

NOTE: *Certain words denoting occupations are rarely used in the feminine:* **la mujer carpintero.**

- ☐ carpintero
- ☐ mecánico/a
- ☐ dentista
- ☐ doctor/a
- ☐ plomero
- ☐ fotógrafo/a
- ☐ electricista
- ☐ contador/a
- ☐ psicólogo/a

Parte B: Tus amigos tienen muchos problemas y poco dinero. Por eso, si un pariente tuyo puede prestarles sus servicios a un precio reducido tú los tratas de ayudar. Según tus respuestas de la Parte A, contesta estas preguntas de tus amigos.

☞ Necesito ir al dentista. ¿Conoces a alguien?

Lo siento, no conozco a ningún dentista. / No conozco a nadie.

Sí, mi primo Charlie es dentista y te puede ayudar.

1. Mi carro no funciona. ¿Conoces a alguien que lo pueda arreglar?

____

2. Tengo fiebre y no puedo respirar bien. ¿Conoces un buen médico?

____

3. Pienso comprar una lavadora y tengo que instalar un enchufe *(electrical outlet)* primero. ¿Conoces a alguien que sepa hacerlo?

____

4. Mi hijo está muy deprimido y quiero buscarle ayuda. ¿Conoces a alguien?

____

5. Llegué a casa y el inodoro no funciona; hay agua por todas partes. ¿Conoces a alguien que pueda venir de inmediato?

____

6. Tengo que completar mis impuestos federales y no entiendo nada porque es sumamente complicado. ¿Conoces a alguien que me pueda ayudar?

____

7. Pensamos casarnos en febrero y estamos buscando una persona para sacar fotos. ¿Conoces a alguien?

____

8. Quiero cambiar mi cocina: estoy harto *(fed up)* de tener una cocina fea y vieja. Quisiera una moderna. ¿Conoces a alguien que haga renovaciones?

____

Actividad 3: ¿Con qué frecuencia?

Parte A: Marca con qué frecuencia haces las siguientes actividades relacionadas con el medio ambiente.

Actividad	Jamás	A veces	A menudo
1. comprar verduras orgánicas	❑	❑	❑
2. comer carne	❑	❑	❑
3. hacer camping	❑	❑	❑
4. participar en manifestaciones contra el abuso del medio ambiente	❑	❑	❑
5. reciclar periódicos, plástico y/o vidrio	❑	❑	❑
6. caminar en vez de manejar	❑	❑	❑
7. apagar las luces al salir de una habitación	❑	❑	❑
8. escribirles cartas a los políticos sobre asuntos del medio ambiente	❑	❑	❑

Actividad	Jamás	A veces	A menudo
9. votar por candidatos que favorecen la protección del medio ambiente	❑	❑	❑
10. no comprar productos de compañías que abusan del medio ambiente	❑	❑	❑

Parte B: Ahora, escribe oraciones basadas en tus respuestas de la Parte A.

☞ Jamás / A veces / A menudo **A menudo compro verduras orgánicas.**

1. ______________________
2. ______________________
3. ______________________
4. ______________________
5. ______________________
6. ______________________
7. ______________________
8. ______________________
9. ______________________
10. ______________________

Parte C: Contesta esta pregunta: ¿Respetas o no el medio ambiente?

____

____

____

Actividad 4: Una persona ideal.

Parte A: Marca las cuatro cualidades que más buscas en un/a compañero/a de apartamento.

❑ ser mujer
❑ ser hombre
❑ saber cocinar
❑ gustarle hacer fiestas
❑ tener televisor
❑ ser ordenado/a
❑ pagar las cuentas a tiempo
❑ respetar tu intimidad *(privacy)*
❑ no traer amigos a casa
❑ no tenerles alergia a los gatos

Parte B: Ahora, usa las cualidades que marcaste en la Parte A y escribe un anuncio clasificado *(want ad)* para encontrar un/a compañero/a de apartamento. Divide el anuncio en tres partes: una frase que indique para qué es el anuncio, dos o tres frases que describan como eres tú, cuatro frases que indiquen qué buscas en un/a compañero/a.

> **NOTE:** *Use the indicative to describe the known and the subjunctive to describe something that may or may not exist.*

Busco una persona que quiera compartir un apartamento de dos dormitorios. ____________

____

____

____

____

____

____

____

Actividad 5: Tus amigos. Completa las preguntas sobre tus amigos con la forma apropiada del verbo indicado y después contéstalas.

> **NOTE:** *Use a form of* **haya** + *past participle to refer to possible past actions.*

¿Conoces a algún estudiante que <u>**tenga**</u> perro? (tener)

Sí, mi amigo Bill tiene perro. | **No, no conozco a ningún estudiante que tenga perro.**

1. ¿Conoces a alguien que ______________________ hablar japonés? (saber)

   ____

2. ¿Conoces a alguien que ____________________ en Suramérica el año pasado? (estudiar)

   ____

3. ¿Tienes alguna amiga que ______________________ surfing? (hacer)

   ____

4. ¿Sueles comer con alguien que ______________________ vegetariano? (ser)

   ____

5. ¿Conoces a alguien que ya ______________________ un buen trabajo para el verano que viene? (conseguir) ____

   ____

Actividad 6: ¿Hay o no hay? Primero haz preguntas usando las siguientes frases y después contéstalas para dar tus opiniones.

☞ muchos jóvenes / beber y manejar

A: ¿Crees que haya muchos jóvenes que beban y manejen?

B: Sé que hay jóvenes que beben y manejan, pero yo no conozco a nadie que beba y maneje.

B: Sí, hay muchos que beben y manejan.

1. mucha gente / ser completamente honrada

¿______________________________?

____

____

2. padres / no comprarles juguetes bélicos a sus hijos

¿______________________________?

____

____

3. mucha gente / tener un arma en su casa

¿______________________________?

____

____

4. mujeres de más de 50 años / poder tener hijos

¿______________________________?

____

____

5. muchos estudiantes / pagar más de $35.000 al año por sus estudios

¿______________________________?

____

____

Actividad 7: Un anuncio. Tu profesor/a de español acaba de ganar la lotería y decidió dejar de enseñar; por eso tu universidad necesita una persona urgentemente. Escribe un anuncio clasificado para encontrar el/la profesor/a ideal.

Busco ____

____

____

____

____

Actividad 8: El lugar perfecto. Termina las siguientes oraciones sobre lugares ideales.

1. Quiero vivir en una casa que ____
____.
2. Necesito trabajar en una empresa que ____
____.
3. Si me caso algún día, prefiero pasar mi luna de miel en un sitio donde ______________
____.
4. Después de graduarme, tengo ganas de visitar un país donde ______________________
____.
5. Si tengo hijos, quiero criarlos *(raise them)* en un lugar donde ______________________
____.

Actividad 9: Pesimismo. Eres un/a estudiante muy pesimista. Critica tu universidad. Usa frases como **no hay ningún profesor que, no hay nada aquí que, no conozco a nadie que, no hay ninguna clase que ...**

1. ____
2. ____
3. ____
4. ____
5. ____

Actividad 10: Tus parientes. Completa las preguntas sobre tu familia con la forma apropiada del verbo indicado y después contéstalas.

☞ A: ¿Hay alguien de tu familia que viva en otro país? (vivir)

B: Sí, mi hermana está en el ejército en Alemania.

B: No, no hay nadie de mi familia que viva en otro país.

1. ¿Hay alguien de tu familia que ______________ más de cien años? (tener)
____
2. ¿Hay alguien de tu familia que ______________ en un asilo de ancianos? (vivir) ______________________________
3. ¿Hay alguien de tu familia que ______________ casado más de cincuenta años? (llevar) ______________________________
____
4. ¿Hay alguien de tu familia que ______________ presidente de una compañía en el pasado? (ser) ______________________________
____
5. ¿Hay alguien de tu familia que ______________ como voluntario? (trabajar)
____
6. ¿Hay alguien de tu familia que ______________ embarazada ahora mismo? (estar) ______________________________
7. ¿Hay alguien de tu familia que ______________ de esta universidad? (graduarse) ______________________________
____

Actividad 11: La publicidad. Completa estas oraciones para anuncios publicitarios.

> **REMEMBER:** *If actions are pending, use the subjunctive; if they are habitual or completed, use the indicative.*

1. Todos los días después de que ______________ a casa, tomamos un refrescante vaso de Jugo tropical y nos sentimos mejor. (llegar)
2. Mañana cuando ______________, relájese y revitalice su cuerpo con Gel de Vitaliz, tratamiento para la piel con áloe y lanolina. (ducharse)
3. Esta noche mientras Ud. ______________ sentado en su sillón favorito para mirar la tele, goce de un masaje personal con los dedos mágicos de Manos suecas. (estar)

4. Cuando ______________________ grabar un programa, ¿te resulta difícil programar tu video? ¿Lees las instrucciones hasta cansarte y ______________________ el control remoto contra la pared? ¡Compra Mandofácil! El control remoto que resuelve tus problemas. (querer, tirar)

Actividad 12: Mis sueños. Di cinco cosas que piensas hacer en el futuro próximo.

☞ tener vacaciones

Cuando tenga vacaciones, voy a trabajar como voluntario/a en un hospital.

1. graduarme ____

____

2. empezar un trabajo nuevo ____

____

3. mudarme a otra ciudad ____

____

4. ver a mis abuelos ____

____

Actividad 13: El futuro. Forma oraciones sobre tu futuro usando las siguientes expresiones.

☞ buscar un trabajo fijo (después de que)

Voy a buscar un trabajo fijo después de que pase un año viajando por Europa.

1. tener hijos (cuando) ____

____

2. seguir estudiando (mientras) ____

____

3. trabajar (hasta que) ____

____

4. jubilarme (tan pronto como) ____

____

NOMBRE ________________________ FECHA ____________

Actividad 14: Antes, ahora y en el futuro.

> *NOTE: Use the indicative with reported and habitual actions. Use the subjunctive for pending actions.*

Parte A: Escribe un párrafo de cómo era tu vida antes de entrar a esta universidad usando las siguientes expresiones de tiempo: **cuando, en cuanto, después de (que), mientras que, hasta (que), tan pronto como.**

☞ **Nunca estudiaba. Tan pronto como llegaba a casa comía algo y salía con mis amigos. No me preocupaba mucho por mis notas ...**

___

___

___

___

___

___

Parte B: Ahora, di cómo es tu vida universitaria usando las mismas expresiones de la Parte A.

☞ **Todos los días yo asisto a clase. Después yo ...**

___

___

___

___

___

___

Parte C: Finalmente, usando las mismas expresiones, di cómo va a ser tu vida después de que termines la universidad.

☞ **Cuando termine mis estudios ... después de que ... hasta que ...**

___

___

___

___

___

___

Actividad 15: Las gangas. Hay una venta excepcional en una tienda de artículos para acampar. Una persona llama por la tarde para averiguar si todavía tienen las siguientes cosas. Escribe la pregunta de la cliente y la respuesta del vendedor, usando **algunos/as** o **ninguno/a**. Los números entre paréntesis indican la cantidad de cada artículo que todavía tienen en la tienda.

☞ bicicletas de montaña (4)

Cliente: **¿Todavía les quedan algunas bicicletas de montaña?**

Vendedor: **Sí, nos quedan algunas.**

1. linternas (3)
   Cliente: ______________________________
   Vendedor: ______________________________
2. sacos de dormir (0)
   Cliente: ______________________________
   Vendedor: ______________________________
3. tiendas de campaña (0)
   Cliente: ______________________________
   Vendedor: ______________________________
4. navajas suizas (7)
   Cliente: ______________________________
   Vendedor: ______________________________
5. tablas de surf (0)
   Cliente: ______________________________
   Vendedor: ______________________________
6. bicicletas de carrera (2)
   Cliente: ______________________________
   Vendedor: ______________________________
7. mochilas (0)
   Cliente: ______________________________
   Vendedor: ______________________________
8. carteles de animales en peligro de extinción (0)
   Cliente: ______________________________
   Vendedor: ______________________________

NOMBRE ______________________________ FECHA ______________

Actividad 16: Verano o invierno. Categoriza las siguientes actividades.

acampar	hacer alas delta	hacer esquí nórdico	jugar al béisbol
bucear	hacer esquí acuático	hacer surfing	montar en bicicleta
escalar	hacer esquí alpino	jugar al basquetbol	

1. Actividades que se hacen en el verano: ______________________________

____

2. Actividades que se hacen en el invierno: ______________________________

____

3. Actividades que se hacen en el océano: ______________________________

____

4. Actividades que se hacen en un lago: ______________________________

____

5. Actividades que se hacen en las montañas: ______________________________

____

Actividad 17: ¿Cuánto sabes?

Parte A: Marca con una **C** las oraciones que crees que son ciertas y con una F las que crees que son falsas.*

1. ______ En la Ciudad de México, la contaminación llega a niveles tan altos que hay gente que vende aire fresco en la calle. Cuesta un poco más de un dólar por minuto.
2. ______ En los Estados Unidos se recicla menos del 10% de los productos hechos de plástico.
3. ______ Los norteamericanos desperdician el 10% de la comida que compran en el supermercado.
4. ______ El 25% de las especies de animales están en peligro de extinguirse en los próximos 25 años.
5. ______ En un día típico, un norteamericano usa 70 kilovatios mientras un latinoamericano usa sólo 3.
6. ______ Cada persona que recicla periódicos durante un año, evita la destrucción de cuatro árboles.
7. ______ Con sólo plantar un árbol que dé sombra cerca de una casa, se puede reducir el costo del aire acondicionado a la mitad.

---

* Source: *1993 Earth Journal Environmental Almanac and Resource Directory.*

8. ______ Un norteamericano típico usa 7,5 millones de galones de agua en su vida.

9. ______ El 89% de los universitarios norteamericanos de primer año dicen que el medio ambiente ocupa el primer lugar dentro de sus preocupaciones.

Parte B: Todas las oraciones de la Parte A son ciertas. ¿Qué puedes hacer tú como individuo para proteger el medio ambiente? Usa los siguientes verbos en tus respuestas.

1. no desperdiciar: ____

____

2. reducir: ____

____

3. no desechar: ____

____

4. restringir: ____

____

5. reemplazar: ____

____

Actividad 18: El ecoturismo. Quieres hacer un viaje de ecoturismo a una zona remota del Río Amazonas en Perú. El único problema es que no quieres ir solo/a. Escribe un anuncio explicando qué tipo de compañero/a buscas.

Quiero hacer un viaje al Río Amazonas en Perú y quiero ir con una persona que me acompañe, que ____

____

____

____

____

NOMBRE ______________________________ FECHA ______________

Actividad 19: Las referencias. Lee la siguiente nota que dejó Mariana para su compañero de apartamento y después contesta las preguntas.

> Rogelio:
>
> Lo siento pero no **te** pude comprar la linterna que querías. Le dije a Alberto que **te la** comprara, pero él tampoco pudo. Así que mañana cuando recoja tu ropa de la lavandería prometo conseguír**tela. Les** quería pedir un favor a ti y a Marcos. ¿Podrían mandar**me** un paquete? Tiene que salir mañana y sé que Uds. trabajan cerca del correo. Es un regalo para mi madre: **se lo** compré hace mucho tiempo, pero tengo que mandár**selo** mañana porque su cumpleaños es el viernes. Dile a Marcos que **le** busqué el artículo que quería, pero no lo encontré. Voy a intentar buscár**selo** en otra biblioteca.
>
> Perdón y gracias,
>
> Mariana

¿A qué, a quién o a quienes se refieren las siguientes palabras?

1. **te** en la línea 2: ______________________
2. **te la** en la línea 3: ______________________ ______________________
3. conseguír**tela** en la línea 4: ______________________ ______________________
4. **Les** en la línea 4: ______________________
5. **me** en la línea 5: ______________________
6. **se lo** en la línea 6: ______________________
7. mandár**selo** en la línea 7: ______________________ ______________________
8. **le** en la línea 8: ______________________
9. buscár**selo** en la línea 9: ______________________

Actividad 20: Preparaciones. Contesta las preguntas de Ricardo sobre un viaje de andinismo que Ana y él están organizando. Usa pronombres de complementos directo e indirecto cuando sea posible.

Ricardo: ¿Ya compraste los boletos?

Ana: Sí, ____.

Ricardo: ¿Y le mandaste el dinero para la reserva a la agencia?

Ana: Sí, ____.

¿Tú le pediste los sacos de dormir a Gonzalo?

Ricardo: No, no ____.

Ana: ¿Cuándo vas a hacerlo?

Ricardo: ____.
Oye, ¿me compraste la navaja suiza que te pedí?

Ana: No, pero voy a ____________________________________.

Ricardo: Bueno, creo que es todo.

Ana: No sé, hay una cosita más. ¿Te entregaron el pasaporte?

Ricardo: Sí, por fin ______________________________________.

Actividad 21: Miniconversaciones. Completa las siguientes conversaciones con **quien, el que, lo que** o **lo cual.**

1. — No tengo ganas de comer.
   — Te digo que comas algo o no te vas a mejorar.
   — Pero, me siento tan mal que no me entra nada.
   — Como dice mi madre: "____________________ come, se mejora".
2. — ____________________ me molestó fue su actitud.
   — Es verdad, ese vendedor se portó muy mal.
   — Cuando vea al dueño, se lo voy a decir.
3. — Se dice que cada año se agranda más el agujero de la capa de ozono, ____________________ produce muchos problemas.
   — Dudo que en realidad exista un problema. Los científicos no están de acuerdo.
   — Cuéntaselo a los conejos del Cono Sur que son ciegos.
4. — Cuando voy al supermercado, llevo mi propia bolsa para no usar papel o plástico.
   — ____________________ enseña a través de sus acciones, educa a muchos.
   — Es verdad. ____________________ abusa del medio ambiente no aprecia la naturaleza.

Actividad 22: ¡Qué desperdicio!

Parte A: Estás harto/a del abuso del medio ambiente en tu universidad y piensas escribir una carta al periódico universitario para quejarte. Primero, haz una lista de los cuatro abusos que más te molestan.

☞ **Todo lo que venden en las cafeterías está envuelto en papel. No hay nadie que use las escaleras; siempre usan los ascensores.**

1. ____
2. ____
3. ____
4. ____

Parte B: Ahora, escribe soluciones posibles para los abusos que mencionaste en la Parte A.

1. ______________________
2. ______________________
3. ______________________
4. ______________________

Parte C: Ahora escribe tu carta, comenzando con la siguiente oración:

Parece que no hay nadie en esta universidad que respete el medio ambiente.

Capítulo 8

Actividad 1: El español y el empleo.

Parte A: ¿Qué tipo de empleo piensas buscar después de terminar tus estudios?

____

Parte B: Se dice que saber un idioma es muy ventajoso al buscar trabajo. En los Estados Unidos, uno de cada seis empleados tiene un trabajo conectado con la exportación o la importación de productos. También es verdad que hay muchas personas de habla española que residen en este país. Ten en cuenta esto y tus futuros planes para terminar las siguientes oraciones.

Tomo clases de español ...

1. en caso de que ________________________.
2. para que ________________________.
3. para ________________________.

Actividad 2: Las reglas. En cada trabajo hay reglas. Forma oraciones sobre las reglas que existen.

1. Los camareros se lavan las manos para que ________________________ ________________________.
2. Los periodistas pueden revelar quiénes son sus fuentes de información *(informants)* con tal de que ________________________.
3. Los empleados de oficina no pueden faltar al trabajo por enfermedad más de tres días seguidos sin que ________________________.
4. Los psicólogos no deben hablar de los problemas de sus pacientes sin ________________________ ________________________.

Actividad 3: La búsqueda de trabajo. Muchas personas empiezan a buscar trabajo de verano durante el año escolar. Termina estas oraciones con ideas originales que se podrían oír entre los universitarios.

Me van a ofrecer un trabajo ...

1. antes de que yo ________________________.
2. para que yo ________________________.
3. para ________________________.

4. con tal de que yo ______________________________.
5. sin ______________________________.
6. a menos que yo ______________________________.

Voy a aceptar el trabajo ...

7. a menos que la empresa ______________________________.
8. para ______________________________.
9. con tal de que ellos ______________________________.
10. sin ______________________________.
11. a menos que yo ______________________________.
12. siempre y cuando ______________________________.

Actividad 4: Planes. Imagínate que te ofrecieron un trabajo en un pueblo que está en medio de la nada. Di bajo qué condiciones vas a aceptar el trabajo.

Voy a aceptar el trabajo ...

1. con tal de que ______________________________.
2. en caso de que ______________________________.
3. a menos que ______________________________.

Actividad 5: La crianza. Contesta estas preguntas sobre la crianza de los niños. (Si ya tienes hijos, escribe sobre tus futuros nietos.) Incorpora la conjunción indicada en tu respuesta.

Si algún día tienes hijos, ...

1. ¿vas a regalarles juguetes bélicos? (para que) ______________________________
____
2. ¿les vas a dar información sobre enfermedades como el SIDA *(AIDS)*? (a menos que)
____
____
3. ¿piensas darles educación religiosa? (para que) ______________________________
____
4. ¿vas a mandarlos a una escuela pública o privada? (a menos que) ______________________________
____
5. ¿quieres que trabajen mientras estudien en la escuela secundaria? (con tal de que)
____
____

Actividad 6: Personas atrevidas.

Parte A: Di si has hecho o no las siguientes cosas.

hacer alas delta

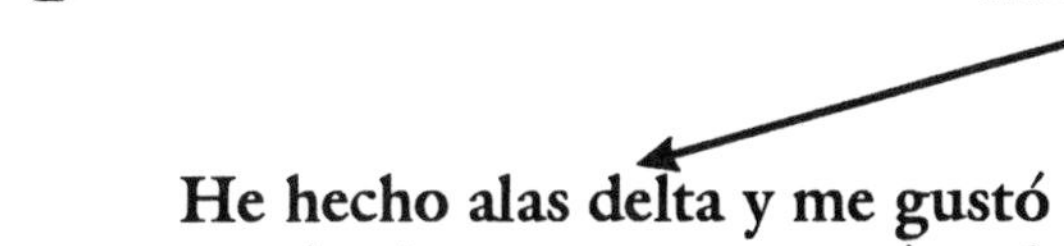

He hecho alas delta y me gustó mucho / pero no me gustó nada.

Nunca he hecho alas delta y no pienso hacerlo / pero me gustaría hacerlo.

1. correr en un maratón

   ____

2. pasar la noche en una estación de trenes

   ____

3. tocar un instrumento musical en la calle para ganar dinero

   ____

4. hacer paracaidismo (saltar de un avión)

   ____

5. teñirse el pelo de un color no natural como morado o azul

   ____

6. llamar a un número de 1-900 para saber algo sobre tu futuro según las cartas de tarot

   ____

7. escalar los Andes

   ____

8. bucear en el Caribe

   ____

Parte B: Según tus respuestas de la Parte A, ¿te consideras una persona intrépida o no? ¿Por qué?

____

____

____

Actividad 7: ¿Has ... alguna vez? Forma preguntas usando las siguientes frases y después contéstalas.

A: ¿Has ... alguna vez?

B: Sí, he ...

B: No, nunca he ...

1. buscar trabajo en esta universidad

¿____?

____

2. solicitar un puesto de camarero/a

¿____?

____

3. negociar para conseguir un mejor sueldo

¿____?

____

4. escribir un curriculum para un empleo

¿____?

____

5. trabajar para alguien de tu familia

¿____?

____

6. obtener una visa para trabajar en otro país

¿____?

____

7. tener un conflicto laboral

¿____?

____

8. mentir para no ir a trabajar

¿____?

____

Actividad 8: La graduación. Forma oraciones diciendo cuáles de las siguientes cosas ya has hecho y cuáles todavía tienes que hacer antes de graduarte.

tomar una clase de historia
terminar los cursos de mi especialización
estudiar en otro país
pedirles cartas de recomendación a algunos profesores
escribir una tesina *(short thesis)*
asistir a clases de verano
hacer trabajo voluntario
cursar más clases de matemáticas
pagar las multas *(fines)* por haber aparcado mal
hablar con mi consejero/a
obtener información de la oficina de empleo de la universidad
escribir un curriculum

1. ¿Cuáles son tres cosas que ya has hecho?

a. ____

b. ____

c. ____

2. ¿Cuáles son dos cosas que todavía tienes que hacer?

   a. ______________________

   b. ______________________

Actividad 9: Los impuestos y la economía sumergida.

Parte A: En muchos países hispanos, hay ciertos trabajos que la gente hace, pero cuyas ganancias no se declaran y por lo tanto no se pagan impuestos. Piensa en la economía sumergida de los Estados Unidos y marca en qué ocupaciones de las que se presentan es fácil evadir impuestos.

- ❑ lavacoches
- ❑ traductores
- ❑ camareros
- ❑ jardineros
- ❑ abogados
- ❑ locutores de radio
- ❑ profesores particulares
- ❑ músicos
- ❑ asesores *(consultants)* de empresas

Parte B: Ahora, escribe tres oraciones sobre algunas ocupaciones que tiene la gente que forman parte de la economía sumergida. Usa frases como **(no) creo que, (no) estoy seguro/a que, es (im)posible que.**

☞ **Creo que muchos profesores particulares no pagan impuestos por lo que ganan porque reciben dinero en efectivo. Es posible que no lo declaren si las personas que los emplean no lo declaran en sus impuestos como una deducción.**

1. ______________________
2. ______________________
3. ______________________

Parte C: Contesta estas preguntas.

1. ¿Conoces a alguien que haya ganado dinero sin declararlo en sus impuestos?

   ____

2. ¿Crees que sea común no declarar todas las ganancias?

   ____

Actividad 10: Definiciones. Define las siguientes palabras que tienen que ver con el empleo.

1. el salario mínimo ____
   ____
2. el aguinaldo ____
   ____
3. los días feriados ____
   ____
4. el/la contribuyente ____
   ____
5. la licencia por maternidad ____
   ____
6. una solicitud de empleo ____
   ____

Actividad 11: El día laboral.

Parte A: Escribe **sí** si estás de acuerdo y **no** si no estás de acuerdo con las siguientes oraciones.

1. ______ En los Estados Unidos, un hombre y una mujer ganan la misma cantidad de dinero en el mismo puesto.
2. ______ El gobierno debe aumentar el salario mínimo para que los trabajadores puedan vivir con dignidad.
3. ______ Un empleado sólo debe recibir aguinaldo si su trabajo es excepcional.
4. ______ En los últimos veinte años, los ingresos han subido más que la inflación, por eso la clase media goza de un mejor nivel de vida.
5. ______ En la declaración de la renta, la mayoría de la gente miente.
6. ______ En un país democrático, tener seguro médico estatal es un derecho de todo ciudadano.
7. ______ Es mejor bajar los sueldos de todos los empleados que despedir a algunos.
8. ______ Si hay que despedir a alguien, debe ser la última persona empleada.

Parte B: Reacciona a una de las oraciones de la Parte A, diciendo por qué estás o no estás de acuerdo con la idea expresada.

____
____
____
____

NOMBRE ______________________ FECHA ____________

____

____

Actividad 12: Buscando empleo.

> *NOTE: If you already have a summer job or do not plan on working this summer, do* **Actividad 12** *as if you were searching for a job.*

Parte A: Contesta estas preguntas.

1. ¿Qué trabajo buscas para este verano? ______________________

   ____

   ____

   ¿Quieres trabajar tiempo completo o medio tiempo? ______________________

   ____

2. ¿Cuánto te gustaría ganar al mes? ______________________
3. ¿Crees que vas a tener algunos beneficios laborales? ¿Cuáles? ______________________

   ____

   ¿Cuáles no vas a recibir? ______________________

   ____

4. ¿Va a ser fácil o difícil encontrar el trabajo que quieres? ______________________

   ____

   ¿Hay más oferta o demanda de personas en estos puestos? ______________________

   ____

5. ¿Cómo vas a buscar el trabajo? ¿A través de amigos? ¿En los avisos clasificados? ¿En la oficina de empleo de tu universidad? ______________________

   ____

Parte B: ¿Cuáles de estas cosas has hecho ya y cuáles tienes que hacer todavía para conseguir un trabajo para este verano?

1. escribir un curriculum

   ____

2. pedir por lo menos tres cartas de referencia

   ____

3. rellenar solicitudes

   ____

4. tener entrevistas

   ____

Actividad 13: Los beneficios.

Parte A: Numera los siguientes beneficios laborales del más importante (1) al menos importante (9) para un/a empleado/a.

______ recibir un aguinaldo
______ tener acceso a una guardería infantil en el trabajo
______ tener libres los días feriados
______ tener licencia por enfermedad
______ tener licencia por maternidad
______ tener licencia por matrimonio
______ tener seguro de vida
______ tener seguro dental
______ tener seguro médico

Parte B: Ahora, explica por qué seleccionaste los dos beneficios más importantes (1 y 2) y los dos menos importantes (8 y 9) de la Parte A.

____
____
____
____
____
____

Actividad 14: Se busca vendedor/a. Acabas de entrevistar a una mujer para un puesto de vendedora en tu empresa y tienes que escribir un informe sobre la entrevista. Usa **ni ... ni, ni siquiera** y **o ... o** cuando sea posible.

Requisitos para el puesto	**Experiencia y conocimientos de Victoria Junco**
escribir a máquina	escribir a máquina
WordPerfect y Lotus en IBM	Microsoft en Macintosh
3 años de experiencia en una empresa	1 año de experiencia en la biblioteca de la universidad
terminología médica y legal	hablar italiano
hablar francés y alemán	tener buena presencia y cartas de recomendación excelentes

Victoria Junco sabe escribir a máquina y redactar en Microsoft en Macintosh, pero no sabe
____
____
____

NOMBRE ______________________________ FECHA ______________

____

____

____

____

____

Actividad 15: ¿Por o para? ¿Cuáles son los motivos o propósitos más probables de buscar un trabajo nuevo? Completa la siguiente lista con **por** o **para** y luego, indica con una equis (X) los motivos que para ti serían válidos.

Voy a buscar un trabajo nuevo ...

1. ______ tener un mejor seguro médico ❑
2. ______ problemas con mi jefa actual ❑
3. ______ vivir demasiado lejos de la empresa ❑
4. ______ poder hacer algo para ayudar a otras personas ❑
5. ______ la falta de responsabilidad que ofrece mi puesto actual ❑
6. ______ ganar mejor sueldo ❑
7. ______ tener que trabajar los días feriados ahora ❑
8. ______ trabajar demasiadas horas extras ❑
9. ______ tener guardería infantil para mi futuro hijo ❑

Actividad 16: Un padre con problemas.

Parte A: Un hombre escribe una carta a un diario pidiéndole consejos a Esperanza. Complétala usando **para** o **por.**

Estimada Esperanza:

Soy un hombre de 46 años y me he pasado toda la vida trabajando __por__ darles un buen futuro a mis hijos. Trabajo en una fábrica de ropa y he trabajado allí gran parte de mi vida. Me consideran un empleado muy valioso en la empresa y el año pasado recibí un premio __por__ ser el empleado más enérgico. Todo esto lo hice __para__ mi mujer y mis hijos. Ellos son mi vida y lo hago todo __para__ ellos. El día que me muera, todas mis posesiones van a ser __para__ ellos. A pesar de todos mis esfuerzos, mi familia me pide cada vez más: que el carro, que unos pantalones nuevos, que los tenis de Michael Jordan. Siento que me chupan la sangre y que nunca están satisfechos con lo que hago _______________ el bien de ellos y ¡con todo lo que les doy!

Esperanza, ¿tiene algún consejo ___para___ mí?

Un padre no apreciado

Parte B: Ahora, contéstale la carta al señor, usando algunas oraciones con **para** y **por**.

Estimado Padre no apreciado:

Gracias por su carta. Por cierto está un buen hombre y es un buen papa. Está listo para ayudar su familia.

Con esperanza de Esperanza

Actividad 17: Compañeros de apartamento. Las preguntas que se presentan contienen actividades que una persona puede hacer **por** o **para** un/a compañero/a de cuarto. Completa las preguntas con **por** o **para.** Después contéstalas.

1. Cuando tu compañero ensucia *(dirty)* la alfombra, ¿pasas la aspiradora _______________ la otra persona? _______________
2. Cuando tu compañero/a no está, ¿anotas mensajes telefónicos _______________ él/ella? _______________
3. Cuando tu compañero/a deja los platos sucios, ¿lavas los platos _______________ él/ella? _______________
4. ¿Traes amigos a casa _______________ presentárselos a la otra persona? _______________
5. ¿Tomas apuntes en clase _______________ dárselos a la otra persona cuando está enferma? _______________
6. Cuando tu compañero/a no quiere ir al mercado, ¿haces la compra _______________ él/ella? _______________

7. ¿Has preparado una fiesta sorpresa ____________ el cumpleaños de tu compañero/a alguna vez? ______________________________

____

Actividad 18: ¿Qué pasa? El hijo de la familia Gris, que acaba de cumplir catorce años, tiene una fiesta y los padres no quieren molestar a los jóvenes. Tampoco quieren que pase nada fuera de lo normal. El padre está espiándolos y contándole a su esposa lo que está pasando. Escribe qué está diciendo el padre. Usa el **se** recíproco o pronombres de complementos directos cuando sea posible.

1. Ana y Pepe / mirar ______________________________
2. Raúl / mirar / ellos ______________________________
3. Beto / mirar ______________________________
4. Jorge y Laura / besar ______________________________
5. Pablo y Paco / abrazar ______________________________

Actividad 19: La pareja. Piensa en una pareja que conoces bien y contesta estas preguntas.

1. ¿Se besan y se abrazan mucho en público? Si contestas que sí, ¿te molesta o no te importa? ______________________________

____

2. ¿Tardan horas en despedirse cada noche? ______________________________

____

3. ¿Se pelean mucho, a veces o nunca? Si contestas mucho o a veces, ¿lo hacen en público? ¿Te molesta o no te importa? ______________________________

____

4. ¿Crees que se llevan bien? En tu opinión, ¿deben casarse? ¿Por qué sí o no? __________

____

____

Actividad 20: La entrevista. Completa esta parte de una carta donde le cuentas a un amigo cómo te fue en una entrevista. Usa pronombres de complementos directo o indirecto, pronombres reflexivos o recíprocos.

Primero, el director ______________ dio la mano y ______________ saludó. ______________ miramos el uno al otro por unos segundos para rápidamente formar una primera impresión. Después ______________ sentamos y ______________ hizo una cuantas preguntas sobre mi experiencia. ______________ dije que había trabajado para ti y es probable que ______________ llame. Cuando ______________ hables, quiero que le digas que ______________ ayudé con el proyecto en Maracaibo porque eso le va a causar una buena impresión. Más tarde ______________ expliqué algunas ideas que tengo sobre cómo mejorar la producción de la compañía. Le mostré un plan de producción y ______________ miró con mucho interés. Al terminar la entrevista, él llamó a una colega y ______________ hablaron en voz baja durante un par de minutos sobre mis capacidades. Al final ______________ despedimos y él me va a llamar la semana que viene. Creo que puedo trabajar para este señor. Él y yo ______________ llevamos muy bien.

Actividad 21: Me gustaría.

Parte A: Anota tres cosas que nunca has hecho pero que te gustaría hacer. Pueden estar relacionadas con tu vida profesional o privada.

☞ **Nunca he escalado una montaña, pero me gustaría hacerlo.**

1. ______________________________

____

2. ______________________________

____

3. ______________________________

____

Parte B: Justifica tus respuestas de la Parte A. Usa **antes de (que)** y **para** en tus respuestas.

☞ **Quisiera escalar una montaña antes de ser demasiado mayor para hacerlo y para hacer actividad física que no esté relacionada con mi trabajo.**

1. ______
2. ______
3. ______

Parte C: Escríbele una nota a un/a amigo/a para convencerlo de que te acompañe a hacer una de las cosas que mencionaste en la Parte A. Usa frases como **en caso de que, con tal de que, a menos que** y **sin que, para que.**

☞ **¿Has escalado una montaña alguna vez? Pues yo no, pero me gustaría. Te invito con tal de que estés en buenas condiciones físicas y ...**

NOMBRE ______________________________ FECHA ______________

Capítulo 9

Actividad 1: Goya.

Parte A: Completa esta descripción de la vida de Francisco de Goya con las formas apropiadas del imperfecto del subjuntivo de los verbos indicados. Los verbos están en orden.

> ***NOTE:*** ***Form the imperfect subjunctive using the third-person plural of the preterit as the base.***

Francisco de Goya nació en Fuendetodos en 1746, pero su familia se mudó a Zaragoza cuando Goya era pequeño porque su padre quería
recibir que él ______________ una buena educación. Allí aprendió a leer y a escribir. Después estudió con los jesuitas y un cura le dijo que
desarrollar ______________ su habilidad de dibujar y le sugirió que
copiar ______________ los cuadros de Luzán, pintor local de poca importancia. Muy pronto, asimiló técnicas básicas de pintura y más tarde fue a Madrid y a Italia para aprender otras técnicas y para tener otras fuentes de inspiración.

Como pintor, fue único en su época. En sus *Caprichos*, unos grabados
entender al agua fuerte *(etchings)*, obligó al público que ______________, a través de la sátira, cómo era la sociedad. En 1799, llegó a ser el pintor
ver preferido de los Reyes. Él quería que el pueblo ______________ a la familia real tal como era, y por eso la pintó con un realismo que no sólo mostraba las buenas cualidades de la familia sino también sus defectos. Durante una larga vida de 82 años, Goya pasó por épocas difíciles en la historia española. La invasión napoleónica, de principios del siglo XIX dejó horrorizado a Goya y, como resultado, quiso que sus
representar obras ______________ toda la angustia producida por la guerra sin glorificarla de ninguna forma. Para otros pintores anteriores
conocer a Goya, era imprescindible que la gente ______________ los triunfos de las guerras, pero Goya esperaba que su público

enfrentarse ______________________ con la realidad trágica que él vio diariamente durante esta época.

A los 70 años, Goya empezó una serie de obras sobre la tauromaquia, en la cual nos enseña todos los aspectos de la corrida de toros. Más tarde, pintó los *Cuadros negros,* llamados así por ser el negro el color predominante y por un contenido horroroso. Los pintó en las paredes de su casa, La Quinta del Sordo, llamada así porque Goya se volvió sordo a la edad de 46 años. El mundo conoció estos cuadros cincuenta años después de su muerte. Los pintó durante la última parte de su vida, en la cual vio grandes cambios sociales, y durante la cual probó diferentes estilos de pintura. Así logró mostrar la sociedad de aquel

ver entonces tal como era sin que nadie ______________________ una versión idealizada de la realidad.

Parte B: Contesta estas preguntas.

¿Has visto algunos cuadros de Goya? Si contestas que sí, ¿dónde? ¿Te gustaron? Si contestas que no, ¿te gustaría verlos?

____

____

____

____

NOMBRE ______________________ FECHA ______________

Actividad 2: Un grabado. Contesta las preguntas sobre este grabado al agua fuerte de Goya, que pertenece a *Los Caprichos.* La mujer se mira en un espejo para arreglarse porque hoy cumple 75 años y espera la visita de unas amigas jóvenes.

Hasta la muerte

1. ¿Cuántas personas hay en el grabado y qué hacen? ______________________

____

____

____

2. Describe físicamente a la persona principal. Incluye detalles. ______________________

____

____

____

3. Según el contenido y el título, ¿en qué quería Goya que pensáramos al ver este grabado? ____
____
____
____

4. ¿Crees que las mujeres sean creídas en cuanto a su apariencia física? Justifica tu respuesta. ____
____
____
____

5. ¿Crees que los hombres sean creídos en cuanto a su apariencia física? Justifica tu respuesta. ____
____
____
____

Actividad 3: Miniconversaciones. Completa las siguientes conversaciones que se oyeron en una exhibición de arte. Usa el presente del subjuntivo, el presente perfecto del subjuntivo o el imperfecto del subjuntivo.

1. — ¿Dónde quiere que ______________________ esta escultura?
   — Al lado de la ventana. (poner)
2. — ¿Crees que ya ______________________ la pintora Vargas?
   — No sé, no la veo. (llegar)
3. — No entiendo el arte moderno. ¿Qué expresa este cuadro?
   — ¿Ves esta imagen aquí? Pues, el artista quería que nos ______________________ cuenta de lo inhumano que puede ser el mundo. (dar)
4. — Esperaba que la galería ______________________ obras de artes plásticas.
   — Yo también. Es una lástima que no lo ______________________. (incluir, hacer)
5. — ¿Quiere Ud. que le ______________________ un poco de champaña?
   — Sí, por favor. (servir)
6. — ¿Por qué pintó al gato de color verde?
   — Para que el gato ______________________ la esperanza que tenía el hombre. (representar)

NOMBRE ______________________ FECHA ______________

Actividad 4: Oído en una reunión familiar. Estás en una reunión familiar y escuchas las siguientes frases de gente que está a tu alrededor. Complétalas con la forma apropiada de los verbos correspondientes en el presente del subjuntivo o el imperfecto del subjuntivo.

1. Me alegré de que REPSOL le ______________ un puesto de tanta responsabilidad a Ramón. (ofrecer)
2. Nos rogó que le ______________ la foto de su hermana de cuando ella tenía cinco años. (dar)
3. Dudo que ella ______________ una solución a los problemas que tiene con su marido. (encontrar)
4. Tu madre sintió mucho que tú no ______________ ir a casa para Navidad. (poder)
5. Les recomendé que ______________ a una universidad norteamericana para hacer estudios de posgrado. (asistir)
6. Quiero que tú ______________ a los padres de tu novia a comer en casa el sábado. (invitar)
7. Fue una pena que Doña Matilde nunca ______________ a América para conocer a sus nietos. (viajar)

Actividad 5: Las exigencias. Forma oraciones para decir qué querían las siguientes personas que tú hicieras.

mis padres mi entrenador/a *(coach)* mis profesores	querer esperar exigir insistir en prohibir	que yo	aprender a tocar un instrumento musical asistir a la universidad consumir drogas entregar los trabajos a tiempo llegar a tiempo a los entrenamientos tomar alcohol trabajar al máximo trabajar durante el verano

1. ______________________________
2. ______________________________
3. ______________________________
4. ______________________________
5. ______________________________
6. ______________________________
7. ______________________________
8. ______________________________

Actividad 6: Las malas influencias. Los años de la adolescencia no son fáciles. Di tres cosas que tus amigos querían que tú hicieras, pero que te negaste a hacer por ser ilegal, malo o simplemente en contra de tus valores personales.

1. Mis amigos querían que yo ____
____.
2. Mis amigos insistían en que yo ____
____.
3. Mis amigos esperaban que yo ____
____.

Actividad 7: Buscaba ...

Parte A: Marca las cualidades que te importaban al seleccionar una universidad.

- ❑ el precio de la matrícula
- ❑ la calidad académica
- ❑ la vida extracurricular
- ❑ la calidad de las residencias estudiantiles
- ❑ la reputación de las fiestas
- ❑ una filosofía liberal
- ❑ buenos laboratorios
- ❑ los programas deportivos
- ❑ el lugar donde estaba
- ❑ las becas *(scholarships)* posibles
- ❑ la existencia de un sistema griego *(fraternities and sororities)*
- ❑ una ciudad universitaria bonita
- ❑ una filosofía conservadora
- ❑ un buen sistema de computadoras

Parte B: Ahora, forma oraciones con las cualidades que marcaste en la Parte A. Usa verbos como **ofrecer, tener, estar, existir.**

☞ **Buscaba una universidad que tuviera un buen programa de deportes.**

1. ____
2. ____
3. ____
4. ____
5. ____
6. ____

Actividad 8: Siempre hay cambios. En los últimos cincuenta años, el mundo ha pasado por muchos cambios, no sólo tecnológicos sino también del papel del individuo en la sociedad y el matrimonio. Termina estas oraciones sobre los efectos de estos cambios.

1. Cuando se casó mi abuela, ella quería que su esposo ____________________
____.
2. Cuando las mujeres de mi generación se casan, ellas quieren que su esposo __________
____.

3. Cuando se casó mi abuelo, él esperaba que su esposa ______
______.

4. Cuando los hombres de mi generación se casan, ellos quieren que su esposa ______
______.

5. Cuando mis padres eran pequeños, mis abuelos querían que ellos ______
______.

6. Los padres de hoy en día quieren que sus hijos ______
______.

Actividad 9: El papel del arte.

Parte A: Termina estas oraciones para mostrar el papel del arte en la sociedad, según diferentes puntos de vista.

☞ Muchos artistas querían … que su arte / provocar debates

Muchos artistas querían que su arte provocara debates.

Muchos artistas querían …

1. que su arte / educar al público
______

2. que su arte / provocar interés en un tema
______

3. que su arte / criticar las injusticias sociales
______

4. que su arte / entretener al público
______

La iglesia esperaba …

5. que el arte / inspirar la creencia en lo divino
______

6. que el arte / inculcar valores morales
______

7. que el arte / mostrar el camino al cielo
______

8. que el arte / llevarles la palabra de Dios a los analfabetos
______

Muchos gobiernos insistían en ...

9. que el arte / servir de propaganda

____

10. que el arte / no contradecir su ideología

____

11. que el arte / glorificar hechos históricos

____

12. que el arte / inspirar actos patrióticos

____

Parte B: ¿Para ti cuál es el papel más importante del arte en una sociedad?

Creo que el papel del arte en una sociedad es principalmente

____

____

____

____

Actividad 10: ¿Qué dijo? Transforma esta conversación de estilo directo en indirecto *(reported speech)* usando el pasado.

Ana: ¿Piensas ir al cine el sábado?

Marcos: No sé, ¿por qué?

Ana: Van a poner una serie de películas con Antonio Banderas.

Marcos: Puede ser interesante. ¿Has invitado a Paco?

Ana: Lo llamé pero no lo encontré en casa. Le dejé un mensaje y va a llamarme.

Marcos: Dudo que vaya.

Ana: Sí, es posible que tenga que trabajar.

Ana le preguntó a Marcos si ______________ ir al cine el sábado. Él le contestó que no ______________ y le preguntó por qué. Ella le explicó que ______________ a poner una serie de películas de Antonio Banderas. Marcos le dijo que ______________ ser interesante y le preguntó si ______________ a Paco. Ella respondió que lo ______________ pero que no lo ______________ en casa. Añadió que le ______________ un mensaje y que él ______________ a llamarla. Marcos dijo que ______________ que Paco ______________. Ana estaba de acuerdo porque ella dijo que ______________ posible que Paco ______________ que trabajar.

NOMBRE ______________________ FECHA ______________

Actividad 11: En medio. Unos compañeros de trabajo no se llevan bien y tú eres amigo/a de los dos. Hablaste con él y ahora tienes que decirle a ella lo que él te dijo.

Lo que él te dijo	**Lo que le dices a ella**
1. "No quiero que ella me diga lo que tengo que hacer".	Dijo que ______________________________________.
2. "Insisto en que no me que critique tanto delante de otras personas".	Insistió en ______________________________________.
3. "Exijo que ella se ocupe más de sus proyectos".	Exigió que ______________________________________.
4. "Es preciso que no tarde tanto tanto tiempo en comer".	Dijo que ______________________________________.
5. "No quiero tomar mensajes personales para ella".	Dijo que ______________________________________.

Actividad 12: Pedir o preguntar.

Parte A: Completa estas oraciones sobre dos personas que salen juntas por primera vez con la forma apropiada de **pedir** o **preguntar**.

1. Ella le ______________________ qué quería hacer.
2. Él le ______________________ si quería acompañarlo a una exhibición.
3. Ella le ______________________ de qué era la exposición.
4. Él le dijo que era de escultura románica de la Edad Media y le ______________________ si le interesaba.
5. Ella le contestó que sí y le ______________________ que la pasara a buscar al trabajo a las seis de la tarde.
6. Él le dijo que sí, pero que no sabía dónde trabajaba, y por eso le ______________________ la dirección.
7. Ella le dio la dirección y le ______________________ que esperara en su carro afuera del edificio por si acaso salía un poco tarde.
8. Como no sabía exactamente dónde estaba esa calle, él le ______________________ instrucciones para llegar y el número de teléfono de su trabajo por si acaso.

Parte B: Ahora, continúa explicando qué ocurrió en la exhibición. Completa este resumen con la forma correcta del verbo indicado.

1. Él le preguntó si le ______________________________ la exposición. (gustar)
2. Ella le contestó que le ______________________________. (fascinar)
3. Ella le preguntó si ______________________________ arte de la Edad Media mientras estaba en la universidad porque parecía saber mucho del tema. (estudiar)
4. Él le contestó que sí y le preguntó si ______________________________ leer algo sobre el tema. (querer)
5. Ella le dijo que sí y le pidió que le ______________________________ algunos libros. (prestar)

Actividad 13: Definiciones. Marca la letra de la definición que mejor describe cada verbo.

1. ______	apreciar	a. dar dinero para apoyar una exhibición
2. ______	burlarse de algo	b. poder gozar de algo por su belleza o su mensaje
3. ______	censurar	c. representar una cosa con otra
4. ______	criticar	d. buscar un significado a base de observación
5. ______	interpretar	e. encontrar puntos negativos tanto como positivos
6. ______	patrocinar	f. poner algo en ridículo
7. ______	simbolizar	g. prohibir

Actividad 14: Definiciones. Explica las diferencias entre estas palabras.

1. artista / artesano ____
____
____

2. imagen / símbolo ____
____
____

3. burla / crítica ____
____
____

Actividad 15: La inspiración. Contesta estas preguntas.

1. Se dice que para ser artista uno tiene que sufrir. ¿Estás de acuerdo con esta afirmación?
____
____
____

2. ¿Cuáles son algunas fuentes de inspiración que tienen los artistas?

3. ¿Crees que los grandes artistas hayan tenido habilidad innata? ¿Es posible llegar a ser artista con sólo estudiar?

Actividad 16: Arte popular. Contesta estas preguntas sobre el arte dando tu opinión.

1. Existe un tipo de arte popular que se ve todos los días en el periódico: las tiras cómicas. ¿Cuál es una de las tiras cómicas que más burla hace de los políticos?

2. A veces los periódicos censuran ciertas tiras cómicas por hacer una sátira demasiado directa y ofensiva. ¿Alguna vez te has ofendido por algo que viste en una tira cómica? Si contestas que sí, explícalo. ______

   Si contestas que no, ¿bajo qué circunstancias piensas que se debe censurar una tira cómica? ______

3. En muchos anuncios publicitarios, las imágenes ayudan al público a formar ciertas ideas relacionadas con sus productos. Por ejemplo, algunas compañías que venden crema para la cara quieren que pienses que has encontrado la fuente de la juventud. Habla de algún anuncio que hayas visto y las ideas que fomenta.

4. ¿Crees que los anuncios de cigarrillos y alcohol glorifiquen la costumbre de fumar y beber? Da ejemplos para apoyar tu opinión. ______________________________

____

____

____

Actividad 17: La imagen. Las imágenes que usan en sus anuncios son muy importantes para las compañías grandes. Mira las siguientes partes de anuncios y comenta en qué te hace pensar la imagen.

☞ **La imagen me hace pensar en ...** **Es posible que sea un anuncio para ...**

____

____

____

NOMBRE ______________________ FECHA ____________

Actividad 18: Pro y contra. Escribe dos oraciones a favor y dos en contra de las siguientes ideas.

1. El gobierno debe censurar algunas obras de arte.

A favor	**En contra**
______________________	______________________
______________________	______________________
______________________	______________________
______________________	______________________
______________________	______________________
______________________	______________________

2. El gobierno debe patrocinar las artes.

A favor	**En contra**
______________________	______________________
______________________	______________________
______________________	______________________
______________________	______________________
______________________	______________________
______________________	______________________

Actividad 19: La voz pasiva. Cambia las siguientes oraciones de la voz activa a la voz pasiva.

1. Velázquez pintó el cuadro *Las meninas*.

   ____

2. Miguel Ángel esculpió *La piedad.*

   ____

3. Antonio Gaudí creó las esculturas del Parque Güell en Barcelona.

   ____

4. Juan O'Gorman hizo el mosaico gigantesco de la Biblioteca de la Universidad Autónoma de México.

   ____

   ____

Actividad 20: Miniconversaciones. Completa estas conversaciones con las siguientes frases. Sólo se pueden usar una vez.

por casualidad - by chance
por cierto - surely
por ejemplo - for example
por lo general - in general
~~por lo menos~~ - at least
por un lado -
~~por si acaso~~
por el otro

1. — ______________ el gobierno quiere que nosotros lo apoyemos en todo lo que hace.
   — Sí, pero ______________ quiere acabar con todos los programas sociales.
2. — Vi a Fernando hoy.
   — ¿Tenías cita con él?
   — ¡Qué va! Lo encontré ______________. No esperaba verlo.
3. — Debes llevar un paraguas.
   — ¿Por qué? No parece que va a llover.
   — A mí me parece que sí. Llévalo por si acaso.
4. — Cada vuelo que he tomado con esta aerolínea llega tarde.
   — Sí, pero por lo menos nunca te han perdido las maletas y eso es mejor que en otras líneas aéreas.
5. — ¿Oíste el nuevo disco compacto de Celia Cruz?
   — Sí, es buenísimo. ______________, compré otro disco de ella anteayer.
   — ¿Cuál?
   — *Azúcar negra.*

Actividad 21: Exprésate. ¿Qué es arte para ti?

____
____
____
____
____
____
____
____
____
____

NOMBRE ______________________ FECHA ______________

Capítulo 10

Actividad 1: Tu futuro.

Parte A: Marca si estas actividades formarán parte de tu futuro o no.

	Sí	**No**	**Es posible**
1. trabajar en algo relacionado con la educación	❑	❑	❑
2. vivir en otro país durante un período largo	❑	❑	❑
3. hacer estudios de posgrado	❑	❑	❑
4. tener hijos	❑	❑	❑
5. participar en campañas políticas	❑	❑	❑
6. dedicar parte de tu tiempo a trabajos voluntarios	❑	❑	❑

Parte B: Ahora, basándote en tus respuestas de la Parte A, escribe oraciones sobre tu futuro.

☞ **(No) Trabajaré en algo relacionado con la educación. / Es posible que trabaje en algo relacionado con la educación.**

1. ______________________
2. ______________________
3. ______________________
4. ______________________
5. ______________________
6. ______________________

Actividad 2: Promesas de Año Nuevo.

Parte A: Escribe las promesas que hicieron estas personas para el Año Nuevo.

☞ Ana: usar más el transporte público

Ana usará el transporte público más.

1. Juan: no comer comidas altas en calorías

____

2. Paulina: encontrar trabajo

____

3. Julián: dejar de fumar

4. José Manuel: irse de la casa de sus padres y buscar un apartamento

5. Josefina: mejorar su vida social y hacer nuevos amigos

6. Jorge: decir siempre la verdad

7. Marta: ir más al teatro

8. Angelita: comer menos en restaurantes y así poder ahorrar más dinero

Parte B: Ahora, escribe tres promesas tuyas para el año que viene.

1. ______
2. ______
3. ______

Actividad 3: ¿Cómo será? Lee estas oraciones sobre cómo era tu vida y predice cómo será la vida de los jóvenes dentro de veinte años.

☞ Tardábamos seis horas en viajar de Nueva York a París.

Tardarán dos horas en viajar de Nueva York a París.

1. Veíamos películas en video en casa y teníamos más o menos 50 canales de televisión.

2. Mandábamos cartas por correo y tardaban más o menos dos días en llegar de una ciudad a otra.

3. Llevábamos pantalones muy grandes y zapatos de Doc Marten.

4. Pagábamos en las tiendas con dinero o tarjetas de crédito.

5. Usábamos llaves para entrar en las casas.

6. Nos hacíamos tatuajes.

Actividad 4: La herencia genealógica.

Parte A: Piensa en tus parientes mayores y marca cuáles de estas características los describen.

- ❑ calvos
- ❑ gordos
- ❑ activos
- ❑ musculosos
- ❑ tener arrugas
- ❑ llevar gafas
- ❑ tener pelo canoso
- ❑ delgados
- ❑ sedentarios
- ❑ débiles
- ❑ no tener arrugas
- ❑ tener vista perfecta

Parte B: Ahora, predice cómo serás tú en el futuro.

____

____

____

____

____

Actividad 5: Problemas actuales y futuros. Actualmente hay una serie de problemas bastante graves en el mundo, pero lo que no sabemos es si estas situaciones mejorarán. Expresa opiniones optimistas y pesimistas sobre las siguientes ideas.

☞ la contaminación ambiental

Optimista: **No creo que haya contaminación ambiental en el futuro. En mi opinión, usaremos carros que no emitan gases tóxicos.**

Pesimista: **Creo que siempre habrá contaminación ambiental.**

Problemas actuales:

1. violencia en las ciudades
2. muchos niños pobres
3. impacto de la televisión en la familia
4. agujero en la capa de ozono
5. extinción de especies de animales
6. lluvia ácida

1. Optimista: ______________________________

____

Pesimista: ______________________________

2. Optimista: ______________________________

____

Pesimista: ______________________________

3. Optimista: ______________________________

____

Pesimista: ______________________________

4. Optimista: ______________________________

____

Pesimista: ______________________________

5. Optimista: ______________________________

____

Pesimista: ______________________________

6. Optimista: ______________________________

____

Pesimista: ______________________________

Actividad 6: ¿Qué harían? Lee las siguientes situaciones y escribe qué harían Carmen y Sara. Después escribe qué harías tú en estas circunstancias.

1. Sacas mala nota en un examen y piensas que el profesor se equivocó.
   Carmen: ir a ver al jefe de departamento y quejarse
   ____
   Sara: aceptar la nota y no hacer nada
   ____
   Tú: ______________________________
2. Encuentras en la calle una billetera que contiene dinero, tarjetas de crédito y fotos personales.
   Carmen: sacar el dinero y dejarla allí
   ____
   Sara: robar el dinero y llamar a la persona que la perdió para devolverle el resto del contenido
   ____
   Tú: ______________________________
3. Tienes que cuidar al gato de un amigo y tienes un pequeño accidente: al sacar tu carro del garaje matas al gato.
   Carmen: comprar un gato casi igual y no decirle nada
   ____
   Sara: decir que otra persona lo mató
   ____
   Tú: ______________________________

Actividad 7: Conservar el agua. El agua se agota frecuentemente en muchas partes del mundo. ¿Qué harías tú para conservar agua? Haz una lista de cinco cosas específicas.

1. ______________________
2. ______________________
3. ______________________
4. ______________________
5. ______________________

Actividad 8: Yo que tú. Un amigo te pide ayuda. Dile qué harías en su lugar. Empieza cada oración con **Yo que tú** + **condicional.**

1. Creo que mi jefa quiere tener relaciones amorosas conmigo.

____

____

2. Mi hijo quiere llevar un arete y hacerse un tatuaje.

____

____

3. Mi hija quiere vivir con su novio y no me cae bien ese chico.

____

____

4. Es posible que yo tenga una úlcera.

____

____

Actividad 9: Un poco de cortesía. Tu hermano menor es muy descortés. Cambia lo que dice por una forma más cortés. Usa el condicional y frases como **me podrías, querría que, me gustaría que.**

> *NOTE: If the independent clause contains the conditional, use the imperfect subjunctive in the dependent clause.*

Directo y a veces descortés	**Cortés**
1. Hazme un sandwich.	1. ______________________
2. Quiero que me des 1000 pesos.	2. ______________________
3. Cambia el canal.	3. ______________________

4. ¿Dónde está mi chaqueta? 4. ______________________________

____

Actividad 10: ¿Qué harán?

Parte A: Completa esta oración para decir qué hora es:

Ahora ______________ ____________ de la ________________________.
es/son la/las (la hora) mañana/tarde/noche

Parte B: Ahora, sin consultar ningún libro, escribe qué hora será en los siguientes lugares en este momento. Usa el futuro de probabilidad para especular sobre la hora.

1. España
   Ahora ______________ ____________ de la ________________________.
   será/serán la/las (la hora) mañana/tarde/noche
2. la India
   Ahora ______________ ____________ de la ________________________.
   será/serán la/las (la hora) mañana/tarde/noche
3. Australia
   Ahora ______________ ____________ de la ________________________.
   será/serán la/las (la hora) mañana/tarde/noche
4. Hawai
   Ahora ______________ ____________ de la ________________________.
   será/serán la/las (la hora) mañana/tarde/noche

Parte C: Ahora imagina y escribe qué hará la gente de estos lugares en este momento. Usa el futuro de probabilidad para especular sobre el presente. Aquí hay unas posibilidades.

> NOTE: *The word* **gente** *is singular and takes a singular verb.*

bailar en una discoteca	despertarse	mirar televisión
comer	dormir	trabajar

1. En España la gente ____.
2. En la India la gente ____.
3. En Australia la gente ____.
4. En Hawai la gente ____.

Actividad 11: ¿Dónde y qué? Escribe dónde piensas que estarán y qué piensas que harán las siguientes personas en este momento. Usa el futuro de probabilidad para especular sobre el presente.

1. tu profesor/a de español ______________________
______________________.
2. tu madre ______________________
______________________.
3. tu mejor amigo ______________________
______________________.
4. tu mejor amiga ______________________
______________________.

Actividad 12: ¿Cómo sería?

Parte A: Marca cuáles de las siguientes frases describe mejor cómo sería tu profesor/a de español cuando estaba en la escuela secundaria.

- ❏ participar en deportes
- ❏ hablar mucho en clase
- ❏ tener muchos amigos
- ❏ salir poco por la noche
- ❏ hacer la tarea a tiempo
- ❏ actuar en obras de teatro
- ❏ hablar poco en clase
- ❏ tener pocos amigos pero buenos
- ❏ salir mucho por la noche
- ❏ no hacer la tarea a tiempo

Parte B: Ahora, escribe un párrafo diciendo cómo sería tu profesor/a de español cuando estudiaba en la escuela secundaria. Usa el condicional para especular sobre el pasado.

____
____
____
____
____
____

Actividad 13: Usa la lógica. Lee la siguiente historia y luego intenta deducir a qué hora hizo el adolescente las actividades que están en negrita. Usa frases como **sería/n la/s ... cuando ...**

Era pleno invierno y Peter **se despertó** justo cuando salía el sol y se levantó rápidamente para no llegar tarde a la escuela. En la escuela pasó un día como cualquier otro excepto que para el almuerzo **tuvo que comer** con un profesor por tirar papeles en clase. Por la tarde, asistió a clase y se portó como un ángel. Al **salir** de la escuela por la tarde, se fue a la casa de su amigo, Joe. Al caer el sol, los muchachos fueron a una tienda a comprar unos discos compactos y volvieron a casa de Joe. A la hora de la cena, Peter **regresó** a casa y luego escuchó música en su cuarto hasta que su madre terminó de ver el noticiero vespertino *(night)* por televisión y le dijo que **apagara la luz.**

1. despertarse ______________________________
2. tener que comer ______________________________
3. salir ______________________________
4. regresar ______________________________
5. apagar la luz ______________________________

Actividad 14: Pros y contras. Reacciona a las siguientes oraciones de una manera positiva y de una manera negativa. Usa frases como **en mi opinión, (no) creo que, estoy seguro/a que, es obvio que, (no) es verdad que.**

> NOTE: *Doubt = subjunctive; certainty = indicative.*

1. Los niños de edad preescolar pasan el día en la guardería.

Pro	**Contra**
________________	________________
________________	________________
________________	________________

2. Antes de casarse, los novios deben vivir juntos por lo menos un año.

Pro	**Contra**
________________	________________
________________	________________
________________	________________

3. Los padres deben entrometerse en la vida de sus hijos.

Pro	**Contra**
________________	________________
________________	________________
________________	________________

4. Las escuelas tienen el deber de inculcar valores a los niños.

Pro	**Contra**
____________	____________
____________	____________
____________	____________

5. Al criar a los niños, se les debe pegar cuando se portan mal.

Pro	**Contra**
____________	____________
____________	____________
____________	____________

Actividad 15: Diferencias. Explica las diferencias entre las siguientes palabras.

1. vivir juntos / casarse ____________
2. ejercer autoridad / inculcar valores morales ____________
3. una niñera / una guardería ____________

Actividad 16: Opinión. Contesta las siguientes preguntas para expresar tu opinión.

1. ¿Quién o qué instituciones deben asumir la responsabilidad de criar a los niños en una sociedad? ____________
2. ¿Actualmente, cómo malcrían los padres a los hijos? ____________
3. ¿Crees que exista una falta de comunicación entre las generaciones de hoy? Explica tu respuesta. ____________

4. Los padres deben confiar en sus hijos. ¿Cómo pueden mostrarles los padres a los hijos que confían en ellos? ______________________________
____
____

Actividad 17: Tus últimos ahorros. Este verano quieres irte de vacaciones a Costa Rica, pero para hacerlo necesitas usar tus últimos ahorros. Haz una lista de tres pros y tres contras de irte a Costa Rica.

> **NOTE:** *To discuss hypothetical future actions:*
>
> **si** + present indicative { **ir a** + infinitive / future tense / command }

☞ **Si voy a Costa Rica, visitaré un pueblo típico del interior.**

Pro	Contra
1. ______________________________	1. ______________________________
2. ______________________________	2. ______________________________
3. ______________________________	3. ______________________________

Actividad 18: La reacción de la familia. Escribe cómo reaccionaría tu familia a las siguientes situaciones.

> **NOTE:** *To hypothesize about the present, use:* ***si*** *+ imperfect subjunctive, conditional*

1. Si yo dejara la universidad, ______________________________.
2. Si me casara sin decirles nada, ______________________________.
3. Si la policía me detuviera por consumir drogas, ______________________________.
4. Si yo fuera a vivir al extranjero un año, ______________________________.
5. Si sacara sólo notas sobresalientes este semestre, ______________________________.

6. Si les regalara un perro, ______________________________
______________________________.

7. Si saliera una foto mía sin ropa en una revista, ______________________________
______________________________.

Actividad 19: ¿Qué serías? Contesta estas preguntas y justifica tus respuestas.

1. Si fueras un color, ¿qué color serías? ______________________________
____

   ¿Por qué? ______________________________
____

2. Si pudieras ser un animal, ¿qué animal te gustaría ser? ______________________________
____

   ¿Por qué? ______________________________
____

3. Si fueras un instrumento musical, ¿qué instrumento serías? ______________________________
____

   ¿Por qué? ______________________________
____

Actividad 20: Héroes.

Parte A: Escribe los nombres de cuatro personas (vivas) a quienes admiras mucho. Después explica por qué las admiras.

1. Nombre: ______________________
____
____

2. Nombre: ______________________
____
____

3. Nombre: ______________________
____
____

4. Nombre: ______________________
____
____

Parte B: Ahora, escribe qué harías si tú fueras las personas de la Parte A.

1. ____

____

2. ____

____

3. ____

____

4. ____

____

NOMBRE ____________________ FECHA ____________

Capítulo 11

Actividad 1: El futuro.

Parte A: ¿Cuáles de las siguientes cosas habrán pasado antes del año 2050?

☞ el hombre colonizar la Luna

El hombre (no) habrá colonizado la Luna.

1. el hombre llegar a Marte *(Mars)*

____

2. el dinero tal como lo conocemos hoy, dejar de existir

____

3. todo el mundo comprar un teléfono celular

____

4. nosotros instalar paneles de energía solar en todos los edificios y casas

____

5. nosotros dejar de recibir las cartas por correo

____

Parte B: Haz dos predicciones más como las de la Parte A.

1. ____________________

____

2. ____________________

____

Actividad 2: Tu futuro. Todos tenemos metas *(goals)* personales. ¿Qué cosas habrás hecho tú antes de los siguientes años?

1. Antes del año 2005, ____________________

____________________.

2. Antes del año 2010, ____________________

____________________.

3. Antes del año 2015, ____________________

____________________.

4. Antes del año 2030, ____________________

____________________.

Actividad 3: Problemas. Los estudiantes siempre tienen muchas excusas. Da excusas para las siguientes personas.

☞ Juan no entregó los resultados de un experimento.

Juan habría entregado los resultados del experimento, pero su perro se los comió.

1. Paco no fue a clase toda la semana pasada.

____

____

2. Margarita e Isabel no se presentaron para el examen.

____

____

3. Carlos no aprobó el examen.

____

____

4. Olga no entregó su trabajo escrito a tiempo.

____

____

5. Jorge había quedado con su profesora a las dos en su oficina, pero no fue.

____

____

Actividad 4: Los remordimientos. Completa los siguientes remordimientos de la madre de un chico que está en la cárcel por vender drogas.

> NOTE: *To hypothesize about the past, use* **si** + *pluperfect subjunctive, followed by the conditional perfect.*

☞ Si / (yo) sacarlo de esa escuela / él no tener esos amigos

Si yo lo hubiera sacado de esa escuela, él no habría tenido esos amigos.

1. Si / (yo) pasar más tiempo con él / nosotros comunicarnos mejor

____

____

2. Si / (yo) escucharlo / (yo) saber cuáles eran sus problemas

____

____

3. Si / (yo) saber cuáles eran sus problemas / (yo) pedirle ayuda a un psicólogo

____

____

4. Si / (yo) pedirle ayuda a un psicólogo / no pasar todo eso

____

____

Actividad 5: Mis remordimientos. Escribe cuatro remordimientos que tienes.

☞ **Si no hubiera tenido que trabajar durante los veranos, habría visitado otro país con un programa de intercambio.**

1. ____

____

2. ____

____

3. ____

____

4. ____

____

Actividad 6: Cambiando el pasado. Contesta estas preguntas sobre tu vida.

1. ¿Tienes hermanos o eres hijo/a único/a? ______________________

____

Si tienes hermanos, ¿cómo habría sido tu vida si hubieras sido hijo/a único/a?

____

____

Si no tienes hermanos, ¿cómo habría sido tu vida si hubieras tenido hermanos?

____

____

2. ¿Te criaste en un pueblo o una ciudad? ______________________

____

Si te criaste en un pueblo, ¿cómo habría sido tu vida si hubieras crecido en una ciudad?

____

____

Si te criaste en una ciudad, ¿cómo habría sido tu vida si hubieras crecido en un pueblo?

____

____

3. ¿Cómo habría sido tu vida si no hubieras decidido asistir a la universidad? __________

____

____

4. ¿Cómo habría sido tu vida si hubieras tenido padres menos/más estrictos? __________

____

____

Actividad 7: Si hubiera ... Completa estas oraciones sobre cómo habría sido de diferente la vida de personas famosas si no hubieran ocurrido ciertos acontecimientos. Usa los verbos indicados.

1. Si el gobierno estadounidense no __________________ la entrada de artistas cubanos a los Estados Unidos durante el régimen de Castro, Alicia Alonso __________________ en el Centro Lincoln. (prohibir, bailar)
2. Si Frida Kahlo no __________________ un accidente tan horrendo, algunas de sus pinturas no __________________ imágenes tan trágicas. (sufrir, tener)
3. Si Rigoberta Menchú no __________________ de Guatemala, quizás __________________. (escaparse, morir)

Actividad 8: Figuras históricas.

Parte A: Escribe los nombres de cuatro personas muertas que han tenido influencia, tanto positiva como negativa, en la historia mundial. Después explica qué hicieron.

1. Nombre: __________________

____

____

2. Nombre: __________________

____

____

3. Nombre: __________________

____

____

4. Nombre: __________________

____

____

Parte B: Ahora, explica qué habrías hecho si tú hubieras sido las personas de la Parte A.

1. ____________
2. ____________
3. ____________
4. ____________

Actividad 9: Si no hubiera ...

Parte A: Escribe tres oraciones sobre personas famosas, vivas o muertas.

☞ **Julia Roberts no se habría casado con Lyle Lovett si hubiera sabido que iban a divorciarse.**

1. ____________
2. ____________
3. ____________

Parte B: Ahora, escribe dos oraciones sobre tu vida como las de la Parte A.

1. ____________
2. ____________

Actividad 10: Como si ...

Parte A: Construye oraciones para propaganda, usando una frase de la primera columna y una de la segunda.

☞ En el Ford Tauro viajar / como si / ser un rey

En el Ford Tauro Ud. viajará como si fuera un rey.

con zapatos Nike / correr		ser perlas
Crest / dejarle los dientes		estar en Perú
en el restaurante El Inca / cenar		ser un bebé
en el Hotel Paz / dormir tranquilamente	como si	estar en el Caribe
con el curso Kaplan / aprobar su examen		tener alas
en el Club Planeta / escuchar salsa		ser parte de la película
en los cines de IMAX / sentirse		ser Einstein

1. ______________________________
2. ______________________________
3. ______________________________
4. ______________________________
5. ______________________________
6. ______________________________
7. ______________________________

Parte B: Ahora, escribe anuncios parecidos para estos productos.

1. La salsa picante de Ortega

____

____

2. Aeroméxico

____

____

Actividad 11: ¡Qué molestos! Estás en un restaurante y todo te molesta. Forma oraciones para criticar lo que está pasando.

1. Mira esa señora. Come con la boca abierta como si ______________________________.
2. Ese señor le está gritando a su hijo como si ______________________________.
3. El camarero no nos atiende. Nos trata como si ______________________________.
4. Ese adolescente no deja de molestar. Se está portando como si ______________________________.
5. Esta sopa está fría e insulsa. El chef cocina como si ______________________________.

NOMBRE ______________________ FECHA ____________

Actividad 12: Los deseos.

Parte A: Muchos padres habrían querido que sus hijos hubieran hecho cosas diferentes en la vida. Marca las cosas que tus padres habrían querido que hubieras hecho tú.

- ❑ pasar más tiempo con la familia
- ❑ prestar más atención a los estudios
- ❑ vestirte de una forma más tradicional
- ❑ llevarte mejor con tus hermanos
- ❑ compartir sus creencias políticas
- ❑ mostrar más respeto hacia los adultos
- ❑ manejar su carro con más cuidado
- ❑ escoger otra universidad
- ❑ tener otros amigos
- ❑ tocar el piano
- ❑ tomar clases de ballet
- ❑ no ver tanta televisión
- ❑ no practicar deportes peligrosos
- ❑ ser más responsable

Parte B: Escribe oraciones con la información de la Parte A para decir qué habrían querido o preferido tus padres.

☞ **Mis padres habrían querido/preferido que yo hubiera pasado más tiempo con la familia porque yo siempre salía con mis amigos.**

____

____

____

____

____

____

____

____

Parte C: ¿Crees que si tuvieras hijos, los harías las mismas exigencias que te hicieron tus padres? Justifica tu respuesta.

____

____

____

____

____

Actividad 13: La búsqueda. Después de un homicidio, la policía encontró pruebas *(clues)* con las cuales se averiguaron bastantes datos sobre la asesina. Escribe cómo era la persona que buscaban. Usa el imperfecto del subjuntivo o el pluscuamperfecto del subjuntivo en tus oraciones. ¡Ojo! El homicidio ocurrió el cinco de marzo pasado.

> **NOTE:** *Use the pluperfect subjunctive to refer to a past action that preceded the one expressed in the independent clause. To refer to an action that occurred after the action in the independent clause, use the imperfect subjunctive.*

Buscaba una mujer ...

1. que / ser pelirroja con pecas
___
2. que / tener el tatuaje de una rosa en el brazo derecho
___
3. que / pasar dos noches en el Hotel Gran Caribe el tres y el cuatro de marzo
___
4. que / romperse el brazo derecho al escaparse
___
5. que / alquilar un carro de Hertz, con la placa M34 456, el cuatro de marzo
___
6. que / salir de la ciudad el cinco de marzo
___

Actividad 14: El periódico. Lee las siguientes oraciones de artículos de periódicos e indica de qué se trata cada artículo.

un soborno	un secuestro	un suicidio	la cadena perpetua
la legalización	un asesinato	el terrorismo	el toque de queda
la adicción	las pandillas	los rateros	la libertad condicional

1. Ayer la policía detuvo a Jorge Vega por matar violentamente a Alicia Ferrer.
___
2. Los miembros del jurado decidieron unánimemente que Paulina Guzmán debería pasar el resto de su vida en la cárcel de Carabanchel sin posibilidades de salir.
___
3. El hombre llamó diciendo que quería 4.000.000 de pesos de rescate.
___
4. Hoy el vicepresidente tuvo que renunciar a su puesto al confesar que había recibido dos casas, una en la playa y otra en la montaña, por haberle dado un contrato a la compañía G.A.M.U. ___
5. Después de sólo seis meses de condena, Hernán Jacinto, el violador de niños, salió ayer de la cárcel, pero las autoridades aseguran que si se acerca a un niño lo detendrán enseguida. ___
6. Hay personas que te pueden robar algo en la calle sin que te des cuenta.
___
7. Ayer a las 7:00 de la tarde explotó un cochebomba delante del edificio de Bellas Artes.
___

8. Ayer dos grupos de jóvenes, los Sangrientos y los Lobos, pelearon en el barrio de Polanco y dos resultaron muertos. ______________
9. La droga te llama, te seduce, te envuelve y por fin controla todos los aspectos de tu vida. ______________

Actividad 15: Las diferencias. Explica las diferencias entre las siguientes palabras.

1. castigo / condena ______________
2. homicidio / suicidio ______________
3. narcotraficante / drogadicto ______________
4. pandillero / delincuente ______________
5. ladrón / ratero ______________

Actividad 16: Pros y contras. Escribe argumentos a favor y en contra de las siguientes ideas.

1. En el caso de asesinatos múltiples, es mejor la pena de muerte que la cadena perpetua para el asesino.

Pro	**Contra**
______________	______________
______________	______________
______________	______________
______________	______________

2. No se debe tratar a un delincuente igual que a un adulto. Debe recibir una sentencia menos severa.

Pro	**Contra**
______________________	______________________
______________________	______________________
______________________	______________________
______________________	______________________

3. Debemos implementar el toque de queda para los menores de edad para que los pandilleros no puedan estar en la calle.

Pro	**Contra**
______________________	______________________
______________________	______________________
______________________	______________________
______________________	______________________

4. Los jóvenes deben llevar uniformes a la escuela para que los pandilleros no lleven sus colores o símbolos a la escuela.

Pro	**Contra**
______________________	______________________
______________________	______________________
______________________	______________________
______________________	______________________

Actividad 17: El ladrón. Termina esta historia que cuenta una señora sobre lo que le pasó ayer. Usa expresiones como **se me/te/le quemó/quemaron** en tus respuestas.

	Ayer tuve mala suerte, pero también resultó un poco gracioso. Primero, mi hija y yo íbamos caminando hacia el coche, cuando saqué las llaves
caer	de la cartera y ______________________ por la alcantarilla *(sewer)* y, por eso, tuvimos que caminar a casa. En el camino, un criminal le robó la cartera a mi hija y al huir perdió un zapato. Más
romper	tarde, al cerrar la puerta del carro ______________________ dos dedos porque su cómplice le cerró la puerta en la mano. Por el
caer	profundo dolor, ______________________ la cartera de la mano. Su cómplice lo llevó al médico y resultó que dos días antes
terminar	______________________ el seguro médico por no pagar la prima. Tuvo mala suerte, pero se lo merecía.

Actividad 18: El amor no perdona. Simón e Isabel habían salido juntos por cuatro años y estaban comprometidos cuando Simón la vio con otro hombre. Se puso celosísimo. Ella estaba muy triste porque lo quería mucho. Termina estas descripciones de lo que hizo Simón y de lo que le pasó a Isabel después del encuentro desafortunado.

> *NOTE: Use constructions with the unintentional* **se** *for accidental occurrences only.*

Simón

Simón fue a su apartamento y ______________________ (destruir) todas las fotos de ella. ______________________ (quemar) la ropa que ella había dejado en su apartamento y ______________________ (tirar) a la basura todos sus perfumes y cosméticos. Después, fue a la joyería y ______________________ (devolver) el anillo de boda que le había comprado.

Isabel

Isabel fue a su casa y estaba muy triste. Primero, ______________________ (quemar) la cena y tuvo que ir a un restaurante. Después, mientras tomaba un café ______________________ (caer) la taza y ______________________ (romper) en mil pedazos. Decidió entonces ir a hablar con Simón para explicarle todo, pero ______________________ (acabar) la gasolina en medio de la carretera.

Actividad 19: La mala suerte. Describe cuándo fue la última vez que te ocurrieron las siguientes cosas.

☞ descomponer algo

Se me descompuso el carro hace dos meses y me costó 550 dólares arreglarlo.

1. perder algo ____
____
2. romper algo ____
____
3. quemar algo ____
____
4. olvidar algo ____
____

Actividad 20: Crimen y castigo. Termina estas oraciones relacionadas con el crimen, usando **pero, sino** o **sino que**. Después marca si estás de acuerdo o no con la afirmación.

1. Para prevenir la delincuencia, es importante tener castigos severos, ______________________ es más importante ofrecerles a todos los jóvenes una buena educación para que no cometan actos criminales. Sí ❑ No ❑
2. La guerra contra el narcotráfico no empieza en los países productores ______________________ en los consumidores. Sí ❑ No ❑
3. A un asesino nunca lo deben dejar en libertad condicional, ______________________ debe pasar la vida entera en la cárcel. Sí ❑ No ❑
4. En una democracia se protegen los derechos de los criminales, ______________________ a veces se olvidan de las víctimas. Sí ❑ No ❑
5. Una violación no es un crimen de pasión ______________________ de violencia. Sí ❑ No ❑
6. Por no saber qué hacer con los delincuentes, no los mandan a la cárcel ______________________ los ponen en libertad condicional y les dicen que no vuelvan a cometer delitos. Sí ❑ No ❑
7. La marihuana tiene muchos usos medicinales, más que nada para los pacientes de quimioterapia, ______________________ de todos modos debe seguir siendo una droga ilegal. Sí ❑ No ❑

Actividad 21: Miniconversaciones. Termina estas conversaciones con **adónde, aunque, como, cómo, donde,** o **dónde** y la forma apropiada del verbo indicado.

1. — No entiendo al hijo de Carmela. Tenía todo: educación, dinero, padres que lo querían ...
   — Yo tampoco. Yo no habría atacado a esa anciana ______________________ ______________________ estado muerto de hambre sin un dólar en el bolsillo. (haber)
2. — El terrorismo es un problema enorme.
   — Es verdad. Ellos ponen las bombas ______________________ ______________________. (querer)
3. — ¿______________________ ______________________ el banco? (robar)
   — Lo hicieron exactamente ______________________ ______________________. (querer)
   — ¿Qué quiere decir eso?
   — De noche y sin que nadie los viera.

4. — ¿Oíste que la hija del vecino salió con un chico que la violó?
   — Claro, hablamos con ella y ____________ nos ____________ que no, todos sabemos que lo quería. Esa mujer se viste de una manera muy provocativa. (decir)
   — Pero, ¿qué dices? "No" significa "no" y punto. Y otra cosa, ella puede vestirse ____________ ____________ y no significa nada. (querer)
   — Bueno, dejémoslo ahí. ¿____________ ____________ esta noche? (ir)
   — Con esa actitud, no voy contigo a ninguna parte.
5. — ¿____________ ____________ mientras buscabas al criminal? (quedarse)
   — Me quedé en un hotel de mala muerte, era horrible … con cucarachas y estaba encima de una discoteca. Se oía la música a toda hora.
   — ¿No había otros?
   — Intenté encontrar un hotel ____________ ____________ dormir tranquilamente, pero no encontré ninguno. Todos estaban llenos. (poder)

Actividad 22: Combatiendo la ignorancia. Vas a escribir una redaccíon sobre las drogas ilegales. Tu redaccíon debe tener tres párrafos.

- **Párrafo 1:** Explica el papel de las drogas en la sociedad norteamericana.
- **Párrafo 2:** Explica qué tipo de educación te dieron tus padres y la escuela sobre las drogas ilegales.
- **Párrafo 3:** Habla de cómo habrían podido mejorar ellos tu educación sobre las drogas. Usa frases comó **si me hubieran** + *past participle* **yo habría querido que … Habría sido mejor si …**

____
____
____
____
____
____
____
____
____
____

Capítulo 12

Actividad 1: La inmigración. Completa estas historias de cuatro inmigrantes que están en los Estados Unidos por diferentes razones.

asilo	coyote	inmigrante/s	refugiado/a/os/as
asimilarse	frontera	legalmente	residencia
bilingüe/s	ilegal/es	migra	residente/s
ciudadano/a	indocumentado/a/os/as	nostalgia	tarjeta
ciudadanía			

1. Mi entrada a los Estados Unidos fue bastante fácil. Había cursado mis estudios y tenía una especialidad en bioquímica. Una compañía norteamericana me contrató para hacer investigaciones. Soy ______________________, sencillamente porque vine de otro país para trabajar aquí. Como mis papeles están en orden, estoy aquí ______________________, pago impuestos y seguro social. Tengo ______________________ verde y soy ______________________, pero no quiero hacerme ______________________ estadounidense en el futuro. Me encanta Estados Unidos, pero no es mi país. No soy ______________________ sino trilingüe ya que domino el inglés, el español y el alemán. También leo francés, italiano y portugués. Dentro de unos años pienso volver a mi país porque quiero que mis hijos conozcan a sus parientes y su cultura, y así pueden ser no sólo bilingües sino también biculturales.
2. No había trabajo en mi país y quería algo mejor para mi familia. Tengo amigos y parientes que ya habían salido del país en busca de empleo. Lo único que yo quería era trabajar y darles de comer a mis hijos. Por eso mi marido y yo le pagamos una gran cantidad de dinero a un ______________________ para que nos ayudara a cruzar la ______________________. Cuando llegamos no teníamos ni ______________________ verde ni otros papeles; éramos ______________________, pero nos resultó fácil conseguir trabajo: primero recogimos uvas, lechuga y tomates en diferentes lugares de California. Más tarde fuimos a Connecticut donde hicimos el mismo tipo de trabajo. Tememos que algún día los funcionarios de inmigración, o la ______________________ como los llamamos, nos encuentren y nos echen del país. Por ahora lo único que podemos hacer es trabajar duro para sobrevivir. Me gustaría volver a mi país porque no hablo inglés bien ni entiendo esta cultura. Tengo que depender de mis hijos, que son ______________________, para que me traduzcan casi todo. Lo único es que

mis hijos son cada día más americanos; están enamorados de este país y hasta a veces critican la cultura mexicana.

3. Vine a los Estados Unidos para estudiar y me enamoré del país y su gente. Terminé mis estudios universitarios y ahora llevo un año trabajando como asesora *(consultant)* en una compañía. Soy ______________________________, pero el español es mi lengua natal, y cada día me siento más y más bicultural. Algún día, me gustaría ser ______________________________ estadounidense, pero primero tengo que obtener la ______________________________.
4. Soy ______________________________ político. Huí de mi país una noche porque las fuerzas militares habían dicho que yo era subversivo y, por eso, temía que me asesinaran. Le solicité ______________________________ político al gobierno estadounidense, pero no me lo concedió. Dijeron que yo había entrado en este país por razones económicas y no por amenazas contra mi vida. Después de tanto tiempo aquí, estoy ______________________________ a la cultura americana con la ayuda de mis amigos y de la congregación de la iglesia que me ayudó a venir. Sin embargo, mi único deseo es poder volver a mi país algún día. Siento mucha ______________________________ por mi país, mi cultura y mi familia.

Actividad 2: La polémica. Completa estas oraciones sobre la inmigración con infinitivos, gerundios o el presente del indicativo.

1. Tener parientes en los Estados Unidos ________________________ una gran ayuda para ________________________ la entrada legal de inmigrantes cubanos. (ser, facilitar)
2. Para ________________________ trabajo, es preciso ________________________ una tarjeta de seguro social. (conseguir, obtener)
3. ________________________ a una cultura nueva ________________________ tiempo. (Asimilarse, llevar)
4. Muchos agricultores continúan ________________________ a ilegales, lo cual ayuda a ________________________ bajos los precios de los productos agrícolas en los supermercados norteamericanos. (emplear, mantener)
5. Muchos hijos de trabajadores agrícolas también ________________________ en los campos. Por ser jóvenes, están especialmente predispuestos a ________________________ enfermedades como cáncer al ________________________ en contacto con plantas fumigadas con insecticidas. (trabajar, contraer, estar)
6. Los indocumentados ________________________ de discriminación, ________________________ por sueldos muy bajos, y ________________________ los trabajos menos deseables del país. A muchos de ellos, sencillamente les gustaría ________________________ con dignidad y respeto. (sufrir, trabajar, hacer, vivir)

NOMBRE ______________________________ FECHA ______________

Actividad 3: Narrando en el pasado. Termina estas oraciones sobre la inmigración y la adaptación a la cultura norteamericana. ¡Ojo! Algunos de los verbos pueden estar en el presente pero la mayoría de ellos están en el pasado del indicativo o subjuntivo. Los verbos están en orden.

sacar	1. Yo ya ______________ mi título de médico y
estar	______________ trabajando en un hospital como jefe de
subir	pediatría cuando ______________ al poder Castro. No
poder	______________ vivir bajo este régimen y
querer/vivir	______________ que mis hijos ______________ en
conocer	una democracia para que ______________ lo que era la
decidir	libertad. Por eso, ______________ inmigrar a los Estados
trabajar	Unidos. Al principio, ______________ durante unos
	meses haciendo camas en un hotel, pero ahora
poder	______________ ejercer mi profesión y
ser	______________ ginecólogo en una clínica de Orlando.
llegar	2. Mis antepasados ______________ al suroeste de este país
ser	hace más o menos 350 años. ______________
casarse	conquistadores que ______________ con las indígenas que
vivir	______________ en la zona. Mis bisabuelos
hablar	______________ español, pero mis abuelos sólo
entender/aprender	______________ el idioma. Yo lo ______________
hablar	en la escuela y ahora lo ______________ con acento.
trabajar	3. Durante los años setenta yo ______________ en un hospital
limpiar	en Guatemala y ______________ las habitaciones de los
pertenecer	pacientes. ______________ a un sindicato de trabajadores
estar	que ______________ luchando por obtener mejores
	condiciones de trabajo, mejores beneficios y sueldos más
dormir	respetables. Una noche, mientras ______________ en casa,
llegar/arrestar	______________ unos soldados y ______________ a
ser	un compañero con quien vivía. ______________ la última
ver	vez que lo ______________. Es probable que lo
matar/tomar	______________. Dos días después, ______________
poder	la difícil decisión de salir del país. ______________ entrar a
	los Estados Unidos ilegalmente con la ayuda de una iglesia.

Actividad 4: Olas de inmigración.

> *If you are a foreign student in the United States or a Native American, interview a friend about his or her family history and retell it here.*

Parte A: Casi todos los ciudadanos norteamericanos tienen antepasados inmigrantes. Cuenta cómo, cuándo y por qué vinieron tus antepasados a este país.

____

____

____

____

____

____

Parte B: Muchos grupos de inmigrantes pasaron o están pasando por una época de discriminación. ¿Sufrieron tus antepasados algún tipo de discriminación al llegar? ¿Por qué sí o no?

____

____

____

____

____

____

Actividad 5: Las contribuciones. Menciona cinco contribuciones que han hecho los inmigrantes en los Estados Unidos. Habla de las artes, la ciencia, la medicina, los deportes, etc.

1. ____
2. ____
3. ____
4. ____
5. ____

Actividad 6: La discriminación. Existen muchas clases de discriminación. Aquí hay una lista de algunas de ellas.

por aspecto físico: por peso, por ser poco atractivo, por ser bajo, por ser alto
por afiliación religiosa
por raza
por ser mujer
por impedimentos físicos: ser ciego, sordo, etc.
por edad
por orientación sexual
por ser hombre

¿Conoces a alguien que haya sufrido algún tipo de discriminación? Explica tu respuesta.

____

____

____

____

____

____

Actividad 7: La inmigración de hoy. Describe los problemas que existen hoy en día en cuanto a la inmigración. Escribe sobre los siguientes temas al describir las preocupaciones del público norteamericano.

bienestar social *(welfare)*	salud
viviendas	educación
crímenes	trabajo

Muchas personas dicen que los inmigrantes les quitan los puestos de trabajo a los ciudadanos del país. ______________________________

____

____

____

____

____

____

____

Actividad 8: Tu opinión.

Parte A: Marca si estás de acuerdo o no con estas oraciones.

1. Los bebés que nacen en los Estados Unidos de padres extranjeros no deben recibir ciudadanía estadounidense. Sí ❑ No ❑
2. El problema de la inmigración ilegal se basa en la oferta y la demanda: los inmigrantes necesitan trabajo y los norteamericanos necesitan mano de obra barata. Sí ❑ No ❑
3. Los inmigrantes no deben recibir servicios médicos a menos que tengan un problema grave de salud. Sí ❑ No ❑
4. Los inmigrantes le dan más a la sociedad norteamericana de lo que sacan de ella. Sí ❑ No ❑

5. Si el hijo de un inmigrante ilegal desea asistir a una escuela pública en los Estados Unidos, debe pagar la matrícula. Sí ❑ No ❑
6. Sin el trabajo de los inmigrantes ilegales, los Estados Unidos sufrirían un colapso total de su economía. Si ❑ No ❑

Parte B: Según tus repuestas de la Parte A, escribe oraciones que empiecen con **(No) Es verdad que, (No) Creo que,** etc. para dar tu opinión. Justifica cada respuesta.

> ***NOTE:** Use the indicative to express certainty and the subjunctive when doubt is implied.*

☞ **(No) Creo que los bebés ... porque ...**

1. ____
____
____
2. ____
____
____
3. ____
____
____
4. ____
____
____
5. ____
____
____
6. ____
____
____

Actividad 9: La nostalgia. Normalmente, una persona que está en otro país siente nostalgia. Si fueras a estudiar a otro país por un año, ¿qué aspectos de la cultura norteamericana extrañarías y por qué?

____
____
____
____
____
____

NOMBRE ______________________________ FECHA ______________

Actividad 10: Hispanos en los Estados Unidos.

Parte A: Antes de leer la información acerca de tres grupos de inmigrantes a los Estados Unidos, asocia estos años con los acontecimientos de la segunda columna.

1. ______ 1846
2. ______ 1898
3. ______ 1917
4. ______ 1945
5. ______ 1959
6. ______ 1980

a. Los puertorriqueños recibieron la ciudadanía estadounidense.
b. Fidel Castro formó un gobierno comunista en Cuba y por eso empezaron a salir del país muchos de la élite de la sociedad.
c. México perdió el suroeste de los EE.UU. después de perder una guerra.
d. Empezó una ola de inmigración desde el puerto cubano de Mariel, y vinieron criminales y gente con problemas mentales.
e. Los EE.UU. necesitaban gente para trabajar en sus fábricas, y así empezó una inmigración puertorriqueña en masa.
f. España perdió sus últimos territorios en el hemisferio occidental en una guerra contra los EE.UU.

Parte B: Completa este resumen de la inmigración y la presencia de tres grupos hispanos en los Estados Unidos con la forma apropiada del verbo indicado. Al leer, confirma si tus respuestas de la Parte A eran correctas o no según la información que contiene la lectura.

Los mexicanos y los méxicoamericanos

perder	En 1846, México ______________ una guerra contra los
firmar	Estados Unidos y al ______________ el Tratado de
componerse	Guadalupe Hidalgo, el territorio (que hoy ______________
	de Texas, Nuevo México, Arizona, California, Nevada, Utah y parte de
pasar	Colorado) ______________ a formar parte de los Estados
vivir	Unidos. La gente que ______________ en esa zona
ser	______________ descendentes de hispanos y después de
convertirse	1846 casi todos ______________ en ciudadanos
	estadounidenses.
llegar	Al ______________ más y más personas para
poblar/empezar	______________ el suroeste del país, ______________
	a formarse una industria agrícola fuerte, más que nada en California.
necesitar	Esta nueva industria ______________ mano de obra y a
llegar	principios del siglo XX, comenzaron a ______________
trabajar	inmigrantes mexicanos para ______________ en los campos

	y en otras áreas de la nueva economía. Esta inmigración para el sector
ser	agrícola ______________________ constante durante el siglo XX
haber	particularmente cuando ______________________ una mayor
	necesidad de mano de obra agrícola durante la Segunda Guerra Mundial.
	A partir de los años sesenta, un gran número de méxicoamericanos
empezar	______________________ a migar del campo a las ciudades en busca
	de otras oportunidades de trabajo y educación.

Los cubanos y los cubanoamericanos

haber	Aunque siempre ______________________ inmigración cubana a
empezar	los Estados Unidos, el gran éxodo ______________________ en 1959
subir	cuando Fidel Castro ______________________ al poder en Cuba.
venir	Entre 1959 y 1970, muchos ______________________ a los Estados
querer	Unidos porque ______________________ escaparse del régimen
establecerse	comunista de Castro y ___________________ principalmente en Nueva
	York y Miami. A diferencia de otras olas de inmigrantes de todas partes del
pertenecer	mundo, la gran mayoría de los cubanos ____________________ a la
	clase media o alta, lo cual significa que antes de salir de Cuba
trabajar	______________________ como profesionales y no como obreros sin
ayudar	educación. Estos conocimientos pronto les ______________________
	a convertirse en parte productiva de la sociedad norteamericana.
permitir	En 1980, Castro le ______________________ la salida a otra clase
abrir	de inmigrante cubano. Él ______________________ las cárceles y
facilitar	______________________ la salida, desde el puerto de Mariel, de
padecer	criminales y gente que ___________________ de enfermedades mentales.
	Obviamente, la llegada de estos inmigrantes a los EE.UU.
causar	____________________ grandes problemas en la comunidad cubana
intentar	establecida que ______________________ ayudar a estos nuevos
	inmigrantes, los llamados marielitos. En 1994, Castro otra vez
volver	______________________ a hacer lo mismo cuando
dejar	______________________ salir a un grupo de cubanos que no
querer/seguir	______________________ que Cuba ______________________ bajo
permitir	el régimen comunista. El gobierno cubano les ______________________
construir	que ______________________ balsas, y por esa razón los llamaron
causar	«balseros». La llegada masiva de cubanos le ______________________
	problemas al Presidente Clinton, al igual que la llegada de los marielitos
causar	le ______________________ problemas a Carter varios años antes.

poder Desde 1959 hasta el presente, los cubanos ______________
ser cambiar el caracter de Miami que ahora ______________ uno
de los centros financieros más importantes del continente americano.
esperar Muchos cubanos ______________ ansiosamente que Castro
abondonar/poder ______________ su puesto para ______________
vivir volver a Cuba, algunos para ______________ y otros sólo
visitar para ______________ a sus parientes y su tierra natal. Pero,
nacer sus hijos ______________ en los Estados Unidos y algunos
hablar ______________ el inglés mejor que el español. Muchos
casarse ______________ con anglosajones. Sin embargo, pase lo que
haber pase, siempre ______________ una gran unión entre los
cubanoamericanos y su isla.

Los puertorriqueños

diferenciarse La llamada "inmigración puertorriqueña" ______________
de otras olas de inmigración, porque los puertorriqueños ya
ser ______________ cuidadanos norteamericanos al
llegar ______________ a los Estados Unidos.
perder En 1898, España ______________ la guerra contra los
convertirse Estados Unidos. Como consecuencia, Puerto Rico ______________
en territorio estadounidense, y en 1917 los puertorriqueños
recibir ______________ la ciudadanía. A mediados del siglo XX, las
necesitar industrias norteamericanas ______________ mano de obra
haber mientras que en la isla ______________ mucho desempleo.
provocar Esto ______________ una migración en masa,
principalmente hacia Nueva York y otras ciudades industriales
continuar que ______________ hasta hoy.

Parte C: Contesta estas preguntas basadas en la información de la Parte B.

1. Si hubieras sido inmigrante mexicano/a en el siglo XX, ¿qué tipo de trabajo habrías tenido al llegar a los Estados Unidos? ______________________________

____

____

2. Si hubieras sido inmigrante cubano/a en 1961, ¿por qué habrías salido de tu país?

______

______

¿Cómo habría sido tu nivel de vida en Cuba y cómo habría sido al llegar a los Estados Unidos? ______

______

______

3. Si hubieras sido puertorriqueño/a en 1945, ¿cuáles son dos factores que te habrían motivado a venir a los Estados Unidos?

______

______

______

Actividad 11: ¿Podría ocurrir? Contesta estas preguntas.

1. Si tuvieras que inmigrar a otro país, ¿a cuál irías y por qué lo escogerías?

______

______

______

______

2. Nadie quiere dejar su país y a sus parientes pero, ¿bajo qué circunstancias dejarías los Estados Unidos (u otro país, si no eres ciudadano/a de los EE.UU.) para emigrar a otro país? ______

______

______

______

______

NOMBRE ______________________ FECHA ____________

Actividad 12: Tu futuro.

Parte A: Marca las frases que puedan formar parte de tu futuro tanto personal como profesional.

- ❑ poder graduarte de la universidad si apruebas este curso de español
- ❑ hacer un viaje a un país de habla española
- ❑ trabajar en una empresa internacional
- ❑ hacer investigaciones en español para tus estudios de posgrado
- ❑ tener clientes que hablen español
- ❑ matricularte en otro curso de español
- ❑ leer revistas o periódicos en español
- ❑ usar el español para hablar con parientes que no hablen inglés
- ❑ leer literatura en español
- ❑ ver películas en español
- ❑ participar en un programa para estudiar en un país hispano
- ❑ solicitar un trabajo en un país de habla española
- ❑ escribir en tu curriculum que has estudiado español
- ❑ vivir cerca de gente que hable español
- ❑ empezar a estudiar otro idioma
- ❑ hacer trabajo voluntario en un país de habla española
- ❑ escuchar música de artistas hispanos
- ❑ decirles a tus hijos que estudien español en el futuro

Parte B: Según lo que acabas de marcar en la Parte A, escribe una redacción corta sobre cómo usarás el español en tu futuro.

> ***NOTE:*** *To talk about the future, you can use* **ir a** + *infinitive, the future tense, or the present subjunctive* **(es posible que yo haga un viaje).**

____

____

____

____

____

____

____

____

____

____

____

Lab Manual

Capítulo preliminar

Pronunciación

Vowel Sounds

In Spanish there are five basic vowel sounds: **a, e, i, o, u.** In contrast, English has long and short vowels, for example, the long *i* in *site* and the short *i* in *sit*. In addition, English has the schwa sound, *uh,* which is used to pronounce many unstressed vowels. For example, the *o* in the word *police* and the *a* in *woman* are unstressed and are pronounced *uh*. Listen: *police, woman*. In Spanish, there is no corresponding schwa sound because vowels are usually pronounced in the same way whether they are stressed or not. Listen: **policía, mujer.**

Actividad 1: Escucha y repite. Escucha el contraste de los sonidos vocales del inglés y del español y repite las palabras en español.

1. anatomy — **anatomía**
2. calculus — **cálculo**
3. history — **historia**
4. theater — **teatro**
5. accounting — **contabilidad**
6. music — **música**

Actividad 2: Repite las oraciones. Escucha y repite las siguientes oraciones. Presta atención a la pronunciación de las vocales.

1. **¡No lo puedo creer!**
2. **Parece una mujer muy interesante.**
3. **Estudio para ser profesora de literatura.**
4. **¡Qué difícil es el griego!**
5. **Es muy activo en clase, ¿no?**
6. **Bueno, mañana empiezo una clase de poesía.**

Comprensión oral

Actividad 3: Completa la conversación. Vas a escuchar cinco preguntas. Para cada pregunta, elige una respuesta lógica de la lista. Escribe el número de la pregunta al lado de cada respuesta.

a. ________ 24 años.
b. ________ Igarzábal.
c. ________ En segundo.
d. ________ María.
e. ________ De Texas.
f. ________ Sociología.

Estrategia de comprensión oral: *Scanning*

In every chapter, you will be introduced to a strategy to help you improve your listening comprehension. Scanning involves listening for specific details without worrying about superfluous information. For example, when you're listening to football scores, you may disregard all the information you hear except the score of your favorite team.

Actividad 4: Las materias académicas.

Parte A: Escucha a cuatro estudiantes universitarios mientras cada uno describe una materia académica. Asígnale el número apropiado, del 1 al 4, a la materia que describe cada uno. No necesitas comprender todas las palabras para hacer esta actividad.

a. ________ historia
b. ________ economía
c. ________ matemáticas
d. ________ contabilidad
e. ________ computación
f. ________ biología
g. ________ música
h. ________ mercadeo
i. ________ literatura

Parte B: Escucha a los estudiantes otra vez e indica qué piensa cada uno sobre la materia que describe.

1. ________
2. ________
3. ________
4. ________

a. No le gusta.
b. Le encanta.
c. Le importa.
d. No le importa.
e. Le gusta.
f. Le interesa.

Estrategia de comprensión oral: *Activating Background Knowledge*

Thinking about what you know about a topic before listening helps you know what kinds of information and vocabulary are likely to be mentioned by the speaker or speakers. In this Lab Program, every now and then you will be asked to turn off the tape and make some predictions. The purpose of these activities is to help you focus on the topic at hand and improve your comprehension.

NOMBRE ______________________ FECHA ______________

Actividad 5: Cualidades importantes.

Parte A: Tres personas van a hablar sobre las cualidades importantes en **una jefa, un juez** y **un político.** Antes de escucharlas, para la cinta, mira la lista de cualidades en tu manual de laboratorio y escribe tres cualidades importantes para cada persona.

activo/a	encantador/a	justo/a	sensato/a
brillante	estricto/a	liberal	sensible
capaz	honrado/a	rígido/a	tranquilo/a
creído/a	intelectual	sabio/a	

1. jefa	2. juez	3. político
______	______	______
______	______	______
______	______	______

Parte B: Ahora escucha a las tres personas y escribe los tres adjetivos que usa cada una. No necesitas comprender todas las palabras para hacer la actividad.

1. jefa	2. juez	3. político
______	______	______
______	______	______
______	______	______

Actividad 6: Charla en un bar. En clase probablemente escuchaste una conversación entre Jorge y Viviana, dos jóvenes que estudian para ser profesores de literatura. Ahora Jorge y Viviana están en un bar hablando de las materias que él está cursando. Escucha la conversación y completa el horario de clases de Jorge. No te preocupes por entender todas las palabras.

Hora	lunes	martes	miércoles	jueves	viernes
8:15–9:15					
		historia de las civilizaciones modernas		historia de las civilizaciones modernas	
10:45–11:45		metodología de la enseñanza		metodología de la enseñanza	

Actividad 7: Cambio de carrera. Ahora para la cinta y lee las instrucciones en el manual de laboratorio.

Mariel y Tomás están hablando del cambio de carrera universitaria que ella quiere hacer. Escucha la conversación y completa la información sobre Mariel. Vas a notar que esta conversación es más rápida que las otras que escuchaste en este capítulo. No te preocupes, no necesitas entender todas las palabras para hacer esta actividad, pero puedes escuchar la conversación todas las veces que necesites.

1. Ahora Mariel estudia ______________________________.
2. Quiere estudiar ______________________________.
3. Muchas de las materias en las dos carreras son ______________________________, pero si Mariel cambia de carrera tiene que ______________________________ otra vez.
4. Para ella, el estudio de las materias en los EE.UU. es ______________________________, pero en su país es más profundo.

Éste es el final del programa de laboratorio para el Capítulo preliminar. Ahora vas a escuchar la conversación que escuchaste en clase, **"Un encuentro inesperado en la facultad"**. Mientras escuchas, puedes mirar el guión *(script)* de la conversación que está en el apéndice del manual.

NOMBRE ______________________ FECHA ____________

Capítulo 1

Pronunciación

Linking

In normal conversation, you link words as you speak to provide a smooth transition from one word to the next. In Spanish, when the last letter of a word is the same as the first letter of the following word, the last and first letters are pronounced almost as one letter, for example, **las‿sobrinas, la‿abuela.** Remember that the *h* is silent in Spanish, so the link occurs as follows: **mi‿hija.** In addition, a word ending in a consonant usually can be linked to the next word if the latter begins with a vowel, for example, **los‿abuelos, el‿esposo.** It is also very common to link final vowels with beginning vowels, as in **mi‿abuela.**

Actividad 1: Escucha y repite. Escucha y repite las siguientes oraciones, prestando atención de unir las palabras.

1. ¿Cuántos‿años tiene?
2. Tengo‿ochenta‿años.
3. ¿Cuál‿es‿su nombre?
4. Se llama‿Alicia.
5. ¿De dónde‿es?
6. De‿Uruguay.

Actividad 2: Escucha y repite. Escucha y repite parte de la conversación entre dos chilenos. Presta atención de unir las palabras.

Carmen: Es‿un país muy interesante porque …

Pedro: A ver, cuéntame. ¿Qué‿es lo que más te llamó la‿atención?

Carmen: Bueno, los‿americanos me parecen muy educados.

Pedro: ¿Educados? ¿Por qué?

Carmen: Porque‿ellos‿siempre dicen “Yes, please”, “No, thanks”.

COMPRENSIÓN ORAL

Actividad 3: Invitaciones. Antes de escuchar cuatro miniconversaciones, para la cinta y lee la lista de actividades que aparecen en el manual. Luego escucha cada miniconversación y numera qué invitación es, y si la otra persona acepta o no la invitación.

	Invitación No.	¿Acepta?
a. esquiar	________	Sí ❑ No ❑
b. ir a una fiesta	________	Sí ❑ No ❑
c. comer afuera	________	Sí ❑ No ❑
d. visitar a la abuela	________	Sí ❑ No ❑
e. alquilar un video	________	Sí ❑ No ❑
f. ir al cine	________	Sí ❑ No ❑
g. probar la hamburguesa	________	Sí ❑ No ❑
h. tomar un café	________	Sí ❑ No ❑

Actividad 4: El crucigrama. Escucha las pistas *(clues)* y completa el crucigrama con vocabulario de la familia y ocupaciones.

5

1 7

2 6

3

4

Actividad 5: Descripción de criminales. Anoche un hombre y una mujer asaltaron *(held up)* un supermercado. Escucha a una mujer policía mientras describe a los criminales y completa la cara de cada uno.

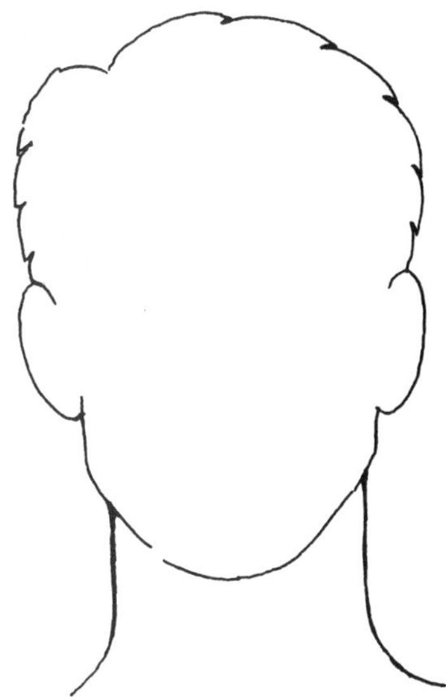

Actividad 6: El problema con el profesor.

Parte A: Eva, una estudiante, tiene varias quejas *(complaints)* de su clase de inglés y por eso llama al programa "Los consejos *(advice)* de Consuelo" para pedir ayuda. Antes de escuchar la conversación, para la cinta y escribe tres quejas de su clase de inglés que puede tener esta estudiante.

1. ______________________________
2. ______________________________
3. ______________________________

Parte B: Ahora escucha y marca las cuatro quejas que tiene la estudiante. Concéntrate solamente en entender las quejas. Luego confirma o corrige tus predicciones.

Quejas de la estudiante:

1. dar malas notas siempre ________
2. dar mucha tarea ________
3. enseñar clases aburridas ________
4. escoger siempre a los estudiantes más rápidos ________
5. faltar a clase ________
6. hablar mucho ________
7. hablar rápidamente ________
8. no escuchar a los estudiantes ________

Actividad 7: Consejos a la estudiante preocupada.

Parte A: Ahora en el programa "Los consejos de Consuelo", Consuelo le da consejos a Eva, la estudiante. Antes de escucharlos, para la cinta y marca tus cuatro mejores consejos para esta estudiante.

	Tus consejos	Los consejos de Consuelo
1. hablar con otros compañeros	❑	❑
2. levantar la mano en clase	❑	❑
3. hablar con el profesor	❑	❑
4. participar más en clase	❑	❑
5. no ser tímida	❑	❑
6. ver televisión en inglés	❑	❑
7. preguntar cuando no entiende	❑	❑

Parte B: Ahora escucha a Consuelo y marca en la tabla de la parte A los cuatro consejos que da ella.

Estrategia de comprensión oral: *Skimming*

When you skim, you just listen to get the main idea. You are not worried about the details.

Actividad 8: ¿Hispano o latino? Ahora para la cinta y lee las instrucciones en el manual de laboratorio.

Adriana y Jorge discuten diferentes palabras que se usan para referirse a los hispanos. Escucha la conversación para averiguar cómo usan ellos diferentes términos. Vas a notar que esta conversación es más rápida que las otras que escuchaste en este capítulo. No te preocupes, no necesitas entender todas las palabras para hacer esta actividad, pero puedes escuchar la conversación todas las veces que necesites.

1. Una persona latina es de ______________________________.
2. Un persona hispana es de ______________________________.
3. Adriana y Jorge se consideran *(consider themselves)* ____________________.

Éste es el final del programa de laboratorio para el Capítulo 1. Ahora vas a escuchar la conversación que escuchaste en clase, **"Una experiencia en los Estados Unidos".** Mientras escuchas, puedes mirar el guión de la conversación que está en el apéndice del manual.

NOMBRE ______________________ FECHA ______________

Capítulo 2

Pronunciación

Diphthongs

In Spanish, vowels are classified as weak (**i, u**) or strong (**a, e, o**). A diphthong is a combination of two weak vowels or a strong and a weak vowel. When two weak vowels are combined, the second one takes a slightly greater stress, as in the word **cuidado.** When a strong and a weak vowel are combined in the same syllable, the strong vowel takes a slightly greater stress, for example, **bailar, puedo.** Sometimes the weak vowel in a weak-strong or strong-weak combination takes a written accent, and the diphthong disappears, as in **día, Raúl.**

Actividad 1: Escucha y repite. Escucha y repite las siguientes oraciones.

1. Está llo**vie**ndo.
2. Está condu**cie**ndo.
3. Está **cui**dando a la niña.
4. Se está af**ei**tando.
5. Están b**ai**lando.
6. Se está p**ei**nando.
7. Están esq**uia**ndo.

Actividad 2: Escucha y repite. Escucha y repite las siguientes oraciones de la conversación entre Mónica y un amigo.

1. **Bie**n. M**uy** **bie**n. Q**uie**ro ir a comprarme unos zapatos.
2. Te dejé un mensaje en el contestador **au**tomático.
3. **Ay**, od**io** esos inventos ... porque nunca func**io**nan.
4. A las n**ue**ve. ¿V**ie**nes?
5. T**ie**nes que ir.

Actividad 3: ¿Hay diptongo? Escucha las palabras y marca la combinación correcta de letras y acentos.

	Hay diptongo	No hay diptongo
1.	ia	ía
2.	ue	úe
3.	io	ío
4.	au	aú
5.	io	ío
6.	ie	íe

COMPRENSIÓN ORAL

Actividad 4: La ropa. Escucha unas descripciones de prendas de vestir *(clothing)* y escribe el nombre de la prenda en el dibujo.

Actividad 5: La hora en el mundo. Escucha qué hora es en diferentes partes del mundo y escribe una oración para decir lo que crees que está haciendo la gente en ese momento. Por ejemplo, tú escuchas, "En Buenos Aires son las doce de la noche, por eso mucha gente ..."

(Escribes) Está durmiendo.

1. ______________________
2. ______________________
3. ______________________
4. ______________________
5. ______________________

Actividad 6: ¿Vida saludable? Dos personas van a llamar a un programa de radio para contar si tienen una vida saludable o no. Escucha y marca únicamente las cosas que hacen estas personas. No necesitas comprender todas las palabras.

	Llamada No. 1	Llamada No. 2
1. dormirse con la luz encendida	❑	❑
2. pasar noches en vela	❑	❑
3. comer frutas y verduras	❑	❑
4. salir por la noche con mucha frecuencia	❑	❑
5. fumar	❑	❑
6. dormir entre 7 y 9 horas	❑	❑
7. beber alcohol	❑	❑

Actividad 7: Un anuncio informativo.

Parte A: Vas a escuchar un anuncio sobre el estrés. Antes de escucharlo, para la cinta y marca las tres situaciones que causan más estrés, los tres síntomas de estrés más importantes y las tres formas de combatirlo *(combat it)* mejor.

Situaciones que causan estrés	Tú	Locutor
1. descomponerse el coche	❑	❑
2. morir un pariente	❑	❑
3. perder un trabajo	❑	❑
4. romper una relación amorosa con alguien	❑	❑
5. salir mal en un examen	❑	❑

Síntomas	Tú	Locutor
1. no interesarse por nada	❑	❑
2. no poder dormir bien	❑	❑
3. olvidarse de ciertas cosas	❑	❑
4. sentir dolor de estómago	❑	❑
5. sufrir de dolores de cabeza	❑	❑

Soluciones	Tú	Locutor
1. hablar con un/a amigo/a	❑	❑
2. hacer ejercicio	❑	❑
3. meditar	❑	❑
4. poner música suave	❑	❑
5. tomar un baño caliente	❑	❑

Parte B: Ahora escucha el anuncio de radio y marca las situaciones que causan estrés, los síntomas y las soluciones que sugiere el locutor.

Actividad 8: Problemas de convivencia.

Parte A: Patricia y Raúl son dos hermanos jóvenes que comparten un apartamento y tienen problemas de convivencia *(living together)*. Por eso Patricia llama al programa de radio "Los consejos de Consuelo". Antes de escuchar, para la cinta y mira la lista en el manual de laboratorio para pensar en las cosas que más te molestan de un/a compañero/a de apartamento.

	Hábitos de Raúl	Hábitos de Patricia
1. no lavar los platos después de comer	❑	❑
2. bañarse y no limpiar la bañera	❑	❑
3. levantarse temprano y hacer mucho ruido	❑	❑
4. cepillarse los dientes y no poner la tapa en la pasta de dientes	❑	❑
5. dejar cosas por todas partes	❑	❑
6. afeitarse y no limpiar el lavabo	❑	❑
7. poner música a todo volumen	❑	❑

Parte B: Ahora escucha a Patricia mientras le cuenta su problema a Consuelo. Mientras escuchas, marca en el manual los malos hábitos de su hermano, Raúl.

Parte C: Raúl está en su coche escuchando la radio y oye a su hermana hablando con Consuelo. Decide entonces llamar al programa. Escucha la conversación y marca en el manual los malos hábitos de Patricia. Recuerda: No necesitas comprender todas las palabras.

Actividad 9: Las vacaciones. Teresa quiere ir de vacaciones a México y le pide información a su amigo Martín, que conoce bien México. Escucha la conversación y marca las cosas que dice Martín sobre Cabo San Lucas y Huatulco. ¡Ojo! Algunos de los puntos que aparecen en la lista no se discuten en la conversación.

	Cabo San Lucas	**Huatulco**
1. Hay más gente joven.	❑	❑
2. Hace más calor.	❑	❑
3. Hace más frío.	❑	❑
4. Las playas son más grandes.	❑	❑
5. Es más bonito.	❑	❑
6. Es más divertido.	❑	❑
7. Es más barato.	❑	❑
8. Es más tranquilo.	❑	❑

Estrategia de comprensión oral: ***Guessing Meaning from Context***

When listening, you will often come across words that are unfamiliar to you. In many cases these may be cognates, which are easily understood. In other cases, however, you will need to pay close attention to the context to guess the meaning of unfamiliar words.

Actividad 10: El cigarrillo. Ahora para la cinta y lee las instrucciones en el manual de laboratorio.

Parte A: Dos amigos comparan la prohibición del cigarrillo en los Estados Unidos y en Uruguay. Escucha la conversación y averigua quién fuma, él o ella.

¿Quién fuma? ______________

Parte B: Ahora escucha la conversación otra vez y completa la siguiente información.

1. En los Estados Unidos no se puede fumar en ______________________________.
2. En Uruguay se puede fumar en ______________________________.
3. El cigarrillo produce tanto humo *(smoke)* como ______________________________.

Éste es el final del programa de laboratorio para el Capítulo 2. Ahora vas a escuchar la conversación que escuchaste en clase, **"La invitación para esta noche"**. Mientras escuchas, puedes mirar el guión de la conversación que está en el apéndice del manual.

NOMBRE ______________________ FECHA ______________

Capítulo 3

Pronunciación

The Consonant d

The consonant **d** is pronounced in two different ways in Spanish. When **d** appears in initial position or after **n** or **l,** it is pronounced softer than the *d* in the word *dog,* for example, **descubrir.** When **d** appears between two vowels, after a consonant other than **n** or **l,** or at the end of a word, it is pronounced somewhat like *th* in the English word *that,* for example, **liberador.** Note that if a word ends in a vowel and the next word starts with a **d,** the pronunciation is like a *th* due to linking rules. For example, in the following phrase, the **d** is as in *dog:* **el doctor.** But in the next phrase, the **d** is pronounced as in *that:* **la‿doctora.**

Actividad 1: Escucha y repite. Escucha y repite las siguientes palabras, prestando atención a la pronunciación de la **d.**

1. fun**d**ó
2. **d**escubri**d**ora
3. la **d**ominación
4. vence**d**or
5. el **d**escubrimiento
6. la fun**d**a**d**ora

Actividad 2: Escucha y repite. Escucha y repite partes de un anuncio comercial. Presta atención a la pronunciación de la **d**.

1. To**d**os sabemos algo **d**e la historia **d**e España.
2. En menos **d**e **d**iez años los moros **d**ominaron casi to**d**a la península.
3. En 1492 los Reyes Católicos Fernan**d**o e Isabel expulsaron a los moros **d**e España.
4. España empezó la exploración y colonización **d**e América.

Comprensión oral

Actividad 3: La historia de España. Vas a escuchar oraciones sobre la historia de España y la colonización de América. Marca en el texto si la oración indica:

a. el comienzo de una acción
b. el fin de una acción
c. una acción completa
d. el período de una acción

1. ________
2. ________
3. ________
4. ________
5. ________
6. ________

Actividad 4: ¿Qué ocurrió primero? Vas a escuchar cuatro conversaciones cortas. Para cada una indica, con el número 1, qué acción ocurrió primero y con el número 2, cuál ocurrió después.

a. ______	dejar el trabajo	______	copiar la lista de nombres
b. ______	irse de la compañía	______	romperse el pie derecho
c. ______	ir a Australia	______	tomar clases de inglés
d. ______	alquilar un auto	______	sacar la licencia de manejar

Actividad 5: Una queja. Una profesora de literatura encontró ciertos errores en un libro sobre Cervantes, el autor de Don Quijote, y decidió llamar a la editorial *(publishing company)* que publicó el libro. Escucha la conversación telefónica y corrige sólo los datos que son incorrectos.

Cervantes: Vida y obra

1. Nació en Alcalá de Henares, España, en 1546.

   ____

2. En 1569 fue a Italia.

   ____

3. En 1575, cuatro años después de la Batalla de Lepanto, los turcos lo pusieron en la cárcel y le cortaron la mano izquierda.

   ____

4. Entre 1575 y 1580 se dedicó a escribir en una cárcel en Argel.

   ____

Actividad 6: Una noticia.

Parte A: Vas a escuchar una noticia por radio. Antes de escucharla, para la cinta, mira las acciones en el manual e intenta numerarlas en orden lógico del 1 al 8 en la columna que dice "Tú".

	Tú	**Locutor**
a. El hombre ató *(tied)* a una mujer.	______	______
b. El hombre comenzó a cantar.	______	______
c. El hombre entró en una casa.	______	______
d. El hombre fue a una biblioteca.	______	______
e. El hombre olvidó la canción.	______	______
f. El hombre terminó en la cárcel.	______	______
g. La mujer se liberó y llamó a la policía.	______	______
h. La policía lo encontró en la biblioteca.	______	______

Parte B: Ahora escucha la noticia de radio y ordena las acciones de acuerdo con lo que cuenta el locutor. Luego compara tu versión con la versión del locutor.

Estrategia de comprensión oral: *Transferring Information to Maps*

As you listen, you may be able to better understand the following spoken information by transferring it to a diagram, map, chart, or graph. Having a tangible point of reference will help you follow what is being said in a logical manner.

Actividad 7: El verano pasado.

Parte A: Martín y Victoria están hablando sobre lo que hicieron el verano pasado. Escucha la conversación y marca las tres acciones que menciona cada uno.

	Martín	**Victoria**
1. Alquiló un apartamento.	❑	❑
2. Gastó dinero.	❑	❑
3. Comenzó un trabajo nuevo.	❑	❑
4. Dejó de salir con alguien.	❑	❑
5. Empezó a salir con alguien.	❑	❑
6. Ganó dinero.	❑	❑
7. Viajó a otro país.	❑	❑
8. Vivió con sus padres.	❑	❑

Parte B: Ahora escucha la conversación otra vez y marca en el mapa el itinerario de viaje de la muchacha que fue a Venezuela.

Actividad 8: Viaje a Andalucía. Ahora para la cinta y lee las instrucciones en el manual de laboratorio.

Blanca y Raúl acaban de regresar de un viaje por España y le cuentan a un amigo sobre el viaje. Escucha la conversación y completa la siguiente información.

1. ¿Qué es Al-Andalús? ____
2. ¿A quién le gustó Granada? ____________________ ¿Y Sevilla? ____________________
3. Lugares que visitaron en Sevilla:
   a. ______ el Alcázar
   b. ______ la Alhambra
   c. ______ la Giralda
   d. ______ los jardines del Generalife
   e. ______ el Parque de María Luisa

Éste es el final del programa de laboratorio para el Capítulo 3. Ahora vas a escuchar el anuncio comercial que escuchaste en clase. Mientras escuchas, puedes mirar el guión del anuncio que está en el apéndice del manual.

Capítulo 4

PRONUNCIACIÓN

The Consonant r

The consonant **r** in Spanish has two different pronunciations: the flap sound as in **ahora,** similar to the double *t* sound in *butter* and *Betty,* and the trill sound as in **ahorra.** The **r** is pronounced with the trill only at the beginning of a word or after **l** or **n,** as in **rompía** and **sonríe** *(smiles)*. The **rr** is always pronounced with the trill, as in **borracho.**

Actividad 1: Escucha y marca la diferencia. Escucha los siguientes pares de palabras y marca la palabra que se dice en cada caso.

1. caro carro
2. pero perro
3. cero cerro
4. ahora ahorra
5. para parra
6. moro morro

Actividad 2: Escucha y repite. Escucha y repite los siguientes verbos que indican un cambio de estado. Presta atención a la pronunciación de **r** y **rr.**

1. aburrirse
2. sonreírse
3. alegrarse
4. comprometerse
5. divorciarse
6. drogarse
7. emborracharse
8. irritarse

Actividad 3: Escucha y repite. Escucha y repite las siguientes partes de la leyenda de Quetzalcóatl. Presta atención a la pronunciación de **r** y **rr.**

1. Se le atribuye la formación de la raza humana.
2. Los dioses le enseñaron cómo obtener el oro.
3. Iba todas las noches a rezarle al dios sol y a la diosa tierra.
4. Quería inspiración para hacer cosas buenas para esa gente.
5. Y comenzó a rezar y rezar hasta que se quedó dormido.
6. Y colorín, colorado, esta leyenda ha terminado.

Comprensión oral

Actividad 4: El pasado. Vas a escuchar cinco oraciones sobre los indígenas de Norte y Centro América. Para cada una indica si es:

a. una acción habitual en el pasado

b. una descripción en el pasado

c. una acción habitual en el presente

1. ________ 2. ________ 3. ________ 4. ________ 5. ________

Actividad 5: Un día feriado. Hoy es feriado *(holiday)* y los empleados de una compañía se reúnen en un picnic. Entre los empleados se encuentran Juan y Lautaro, que están sorprendidos porque notan algunos aspectos de la personalidad de sus compañeros de trabajo que nunca ven en la oficina. Indica cómo es cada compañero y cómo se está comportando hoy.

	En la oficina es	**Hoy en el picnic está**
1. la jefa	________________	________________
2. Miguel	________________	________________
3. Juan José	________________	________________

Estrategia de comprensión oral: ***Making Inferences***

It is sometimes necessary to listen between the lines, that is, to extract information that is not said explicitly. Sometimes when you listen to a radio interview, for example, you cannot see the persons involved and, therefore, may have to infer their age as well as their attitude towards one another and towards what they are saying.

Actividad 6: Inferencias. Vas a escuchar tres conversaciones cortas. Intenta deducir qué ocurre en cada situación y marca tus deducciones en el manual de laboratorio.

Conversación 1

a. Le escribía a	❑ unos tíos.	❑ sus abuelos.
	❑ una amiga.	❑ un amigo.
b. Le escribía	❑ un cheque.	❑ una carta.
c. Él se enojó porque	❑ el correo era muy caro.	❑ la/s otra/s persona/s no contestaba/n.

Conversación 2

a. Ellos tienen ❑ 10–12 años. ❑ 23–28 años. ❑ 40–50 años.

b. Están en ❑ una fiesta. ❑ un barco. ❑ una oficina. ❑ una clase.

c. El regalo es para ❑ un invitado. ❑ una prima. ❑ unos amigos. ❑ un compañero de trabajo.

Conversación 3

a. Él se siente ❑ preocupado. ❑ cansado. ❑ relajado. ❑ contento.

b. Ellos tienen ❑ 10–12 años. ❑ 40–50 años. ❑ 23–28 años.

c. Están en ❑ una sala. ❑ una cafetería. ❑ una cocina. ❑ una playa.

d. ¿Quién recibió la noticia? ❑ una niña ❑ un pariente ❑ unas niñas ❑ unos parientes

e. La noticia era de ❑ un trabajo mejor. ❑ una tragedia. ❑ un premio *(prize)*. ❑ un coche nuevo.

Actividad 7: Una noticia.

Parte A: Antes de escuchar una noticia por radio, para la cinta y lee la lista de verbos que aparecen en la noticia. Escribe una oración para predecir cuál es la noticia.

descubrieron
fue
había
llegó a ser
vivían
estaban
encontraron

____

____

Parte B: Ahora escucha la noticia para confirmar o corregir tu predicción.

Parte C: Escucha la noticia otra vez para completar la información del manual de laboratorio.

1. ¿Cuánto tiempo que hace fue famoso este lugar? ______________________
2. ¿Cuántas pirámides había? ______________________
3. ¿Cuántos habitantes había? ______________________
4. ¿Cuál era el pasatiempo favorito de la gente? ______________________
5. ¿Qué cosas se encontraron? a. ______________________
   b. ______________________

Actividad 8: La leyenda del chocolate.

Parte A: La locutora de un programa de radio para niños va a contar una leyenda tolteca sobre cómo llegó el chocolate a la tierra. Los toltecas habitaron el sur de México y parte de Guatemala. El protagonista de la leyenda se llama Quetzalcóatl. Antes de escuchar la leyenda, para la cinta e intenta completar las ideas que se presentan en tu manual de laboratorio, usando lo que aprendiste en clase al escuchar la leyenda del maíz.

1. Quetzalcóatl era …
   a. el dios serpiente.
   b. el dios de las aguas.
   c. el dios del amor.
2. Antes de ir a vivir con los toltecas, Quetzalcóatl vivía en …
   a. el norte de México.
   b. el cielo.
   c. el mar.

Parte B: Ahora escucha el principio de la leyenda y marca la descripciones que escuchas.

1a. ❑ Los dioses vivían en una estrella gigante.	1b. ❑ Los dioses vivían en el cielo.
2a. ❑ Tenían pájaros.	2b. ❑ Tenían elefantes.
3a. ❑ Quetzalcóatl era el guardián.	3b. ❑ Quetzalcóatl era el jardinero.
4a. ❑ Había un arbusto *(shrub)* con florecitas.	4b. ❑ Había un león con su cría *(litter)*.

Parte C: En el manual de laboratorio se encuentran los sucesos *(events)* de la leyenda del chocolate en desorden. Antes de escuchar, léelos y después, numera los sucesos mientras escuchas el resto de la leyenda.

a. ______ Algunos dioses no querían darle permiso.
b. ______ Finalmente le dieron permiso.
c. ______ Fue a pedirles permiso a los dioses.
d. ______ Fue al jardín para tomar unas semillas.
e. ______ Quetzalcóatl decidió vivir en la tierra.
f. ______ Fue al jardín y tomó unas semillas.
g. ______ Las llevó a la tierra.
h. ______ Su mamá lo vio.

Actividad 9: ¿Discriminación al indígena? Ahora para la cinta y lee las instrucciones en el manual de laboratorio.

Dos amigos hablan de la discriminación al indígena en México y Ecuador. Escucha la conversación y completa la siguiente información.

1. Ejemplos de discriminación en México según la mujer: (marca dos)
   a. ❑ los indígenas siempre esperan en las oficinas públicas
   b. ❑ el gobierno les quita sus tierras
   c. ❑ los indígenas son criados *(servants)* en la televisión
   d. ❑ la policía trata mal a los indígenas
2. Guayasimí es ______________ que ______________________
   ____.

Éste es el final del programa de laboratorio para el Capítulo 4. Ahora vas a escuchar la leyenda que escuchaste en clase, **"La leyenda del maíz".** Mientras escuchas, puedes mirar el guión de la leyenda que está en el apéndice del manual.

NOMBRE ______________________ FECHA ______________

Capítulo 5

Pronunciación

The Letters b *and* v

In most Spanish dialects there is no difference between the pronunciation of the letters **b** and v. When these letters occur at the beginning of a phrase or sentence, or after **m** or **n,** they are pronounced much like the *b* in the English word *boy;* for example, **barra, envase.** In all other cases, they are pronounced by not quite closing the lips, as in **sabores, servir.**

Actividad 1: Escucha y repite. Escucha y repite las siguientes palabras, prestando atención a la pronunciación de la **b** y la **v** inicial.

1. vuelta
2. botella
3. verano
4. barato
5. visita
6. bueno

Actividad 2: Escucha y repite. Escucha y repite las siguientes partes de la conversación del libro de texto. Presta atención a la pronunciación de la **b** y la **v.**

1. **B**uen provecho.
2. Pero es verdad.
3. Me encanta la comida cu**b**ana y, ¡qué **b**onita música!
4. Pero, papi, no tengo mucha ham**b**re.
5. Mis plátanos no vienen ni de Asia ni de las Islas Canarias.
6. ¡Por favor!

Comprensión oral

Actividad 3: En el mercado. La Sra. Cánepa compra comida en tres puestos *(stands)* de un mercado. Escucha lo que compra y apunta las cantidades.

1. huevos: ______________________
2. jamón: ______________________
3. tomates: ______________________
4. manzanas: ______________________
5. Coca-Cola: ______________________

Actividad 4: Quejas en un restaurante. Escucha a diferentes clientes en un restaurante mientras se quejan de los sabores de la comida. Indica en el manual de laboratorio el sabor que no le gusta a cada cliente, colocando el número de la conversación al lado del sabor apropiado.

_______ agridulce/s _______ amargo/s _______ insulso/s

_______ agrio/s _______ dulce/s _______ salado/s

Actividad 5: Una receta. Escucha la receta que da un chef por la radio y numera los dibujos de la receta para ponerlos en orden.

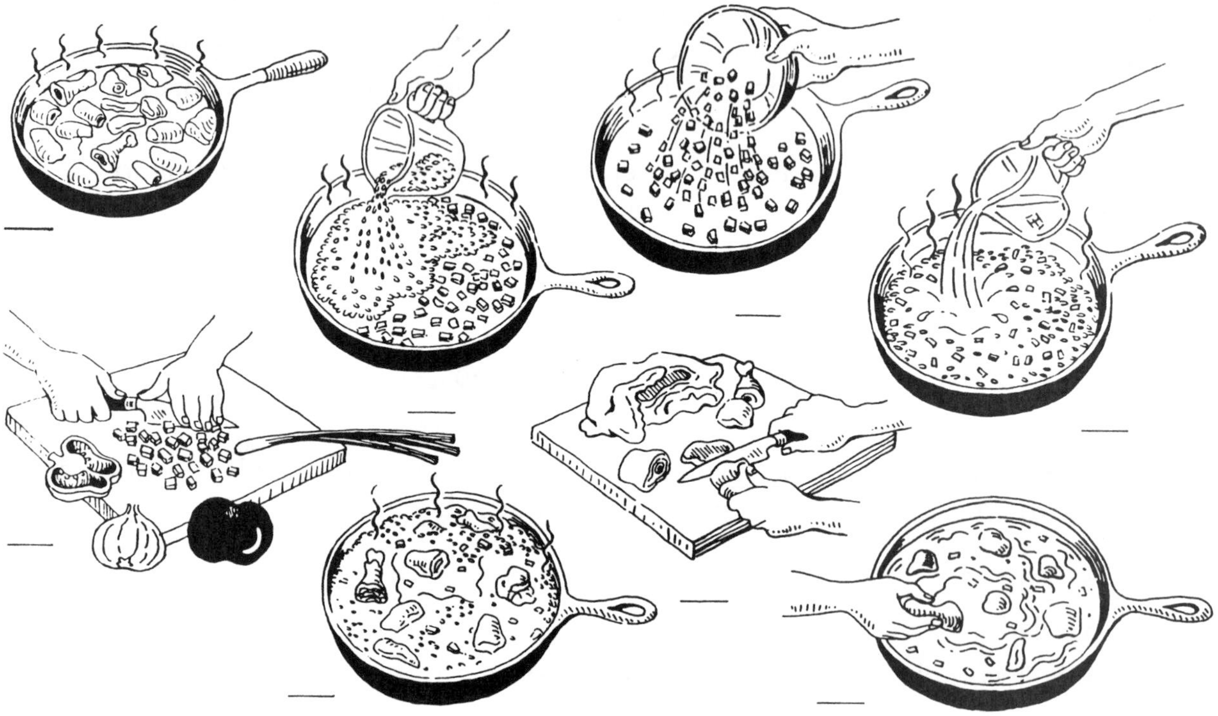

___ ___ ___ ___ ___ ___ ___ ___ ___

Actividad 6: Los consejos universitarios.

Parte A: Una muchacha va a venir a los Estados Unidos a estudiar en una universidad y les pide consejos académicos a unos amigos. Antes de escuchar, para la cinta y escribe dos consejos para un extranjero que quiera estudiar en tu universidad.

Tu primer consejo: ____

____

Tu segundo consejo: ____

____

Parte B: Ahora escucha la conversación y marca en la columna izquierda de la siguiente lista los cinco consejos que escuchas.

	Consejos que escuchas	**Consejos que va a poner en práctica**
1. aprender a buscar información en la biblioteca	❑	❑
2. asistir a clase	❑	❑
3. conocer a su consejero	❑	❑
4. cursar una clase fácil	❑	❑
5. estudiar desde el primer día	❑	❑
6. grabar las clases	❑	❑
7. matricularse por teléfono	❑	❑
8. tomar una clase de redacción	❑	❑

Parte C: Escucha la conversación otra vez y marca en la columna de la derecha de la tabla cuáles de los consejos crees que la muchacha va a poner en práctica.

Actividad 7: Un problema.

Parte A: Un muchacho llama al programa de radio "Los consejos de Consuelo". Escucha su problema.

Parte B: Ahora para la cinta e imagina que eres Consuelo. Escribe dos consejos para darle al muchacho. Usa expresiones como: **es aconsejable que, es preciso que, (no) es importante que, es bueno/malo que.**

Tus consejos:

1. ____
____
2. ____
____

Estrategia de comprensión oral: ***Distinguishing Main and Supporting Ideas***

Distinguishing main ideas from supporting details can greatly aid your overall comprehension. Therefore, when listening, it is important to determine what the central topic is. Once you know the central topic, you can focus on how the speaker supports his or her points. As you listen to tapes to improve your comprehension of spoken Spanish, listen once to determine the central topics and then a second time to find the supporting ideas.

Actividad 8: Un anuncio informativo. Vas a escuchar un anuncio informativo. Necesitas averiguar cuál es la idea central del anuncio e identificar tres recomendaciones que se hacen.

Idea central:

____

Ideas que apoyan (recomendaciones):

1. ____
2. ____
3. ____

Actividad 9: La comida de mi casa. Ahora para la cinta y lee las instrucciones en el manual de laboratorio.

Una muchacha mexicana y un joven puertorriqueño hablan sobre las comidas de sus países. Escucha la conversación y completa la siguiente información.

México	Puerto Rico
Desayuno: huevos rancheros	Desayuno:
Almuerzo: hora:	Almuerzo: hora: 12 P.M.
La comida más fuerte es: (marca una) ❑ almuerzo ❑ cena	La comida más fuerte es: (marca una) ❑ almuerzo ❑ cena

Éste es el final del programa de laboratorio para el Capítulo 5. Ahora vas a escuchar la conversación que escuchaste en clase, **"¿De dónde es esa fruta?"**. Mientras escuchas, puedes mirar el guión de la conversación que está en el apéndice del manual.

NOMBRE ______________________________ FECHA ______________

Capítulo 6

Pronunciación

The Sounds [p], [t], [k]

The Spanish sounds **[p]**, **[t]**, and **[k]** are unaspirated. This means that, unlike in English, there is no puff of air when these sounds are pronounced. Listen to the difference: *potato,* **papa;** *tomato,* **tomate;** *cut,* **cortar.** To experience this difference, hold the back of your hand in front of your mouth and say *paper.* You should feel an explosion of air as you say the [*p*] sound. Now, hold your hand in front of your mouth and compress your lips as you say **papá** several times without allowing a puff of air.

Actividad 1: Escucha y repite. Escucha y repite las siguientes palabras relacionadas con la política y presta atención a la pronunciación de los sonidos **[p]**, **[t]**, **[k]**.

1. corrupción
2. tratado
3. asunto político
4. discriminar
5. campaña electoral
6. golpe de estado

Actividad 2: Escucha y repite. Escucha y repite partes de los monólogos del libro de texto. Presta atención a la pronunciación de los sonidos **[p]**, **[t]**, **[k]** y a la unión de palabras.

1. También‿hay mucha corrupción‿en los gobiernos.
2. Y es muy difícil decir qué va‿a pasar.
3. En‿este momento‿hay cierta‿estabilidad.
4. Algunos dicen que quieren la democracia.
5. Ponen una bomba‿en las‿oficinas de‿ese partido político.
6. Creo que tiene más posibilidades de salir‿adelante.

Comprensión oral

Actividad 3: Personas famosas. Escucha estas descripciones de unas personas famosas. Indica para cada persona su nacionalidad, su ocupación y por qué es famosa.

	Nacionalidad	Ocupación	Por qué es famoso/a
1. Javier Sotomayor		deportista	
2. Rosie Pérez	puertorriqueña		
3. Óscar Arias		fue presidente	
4. Luisa Valenzuela			escribió el cuento "El abecedario"
5. Miguel Indurráin		ciclista	
6. María Izquierdo	mexicana		

Actividad 4: Una candidata a representante estudiantil.

Parte A: Una muchacha, que es candidata a representante estudiantil de una facultad de sociología, le está hablando a un grupo de estudiantes sobre los problemas de esa facultad y las soluciones posibles. Antes de escucharla, para la cinta y escribe un problema que hay en tu universidad y una solución a este problema.

Problema: Es lamentable que ______________________________

______________________________.

Solución: Es preciso que ______________________________

______________________________.

Parte B: Ahora escucha a la muchacha y toma nota de los tres problemas de su facultad y las soluciones que ella ofrece.

	1	2	3
Problema			
Solución			

Parte C: Usa la información que apuntaste en la parte B para escribir dos oraciones sobre el discurso de la muchacha. Indica en cada oración qué es lamentable (el problema) y qué es preciso (la solución).

1. Es lamentable ______________________
   por eso es preciso ______________________.
2. Es lamentable ______________________
   por eso es preciso ______________________.

Actividad 5: Una crítica de cine.

Parte A: Un locutor de radio va a hacer una crítica de *Fresa y chocolate,* la película cubana nominada para el Óscar en 1995. Escucha su comentario y combina un nombre de la columna izquierda con un sustantivo de la columna derecha.

1. Gutiérrez Alea	______	a. actor (papel de David)
2. Coppelia	______	b. actor (papel de Diego)
3. Perugorria	______	c. ciudad
4. La Habana	______	d. heladería
5. Cruz	______	e. director

Parte B: Ahora escucha la crítica otra vez y contesta las preguntas que aparecen en el manual.

1. ¿De qué trata la película? ______________________
   ____
2. ¿Cuál es el tema principal? ______________________
   ____
3. ¿Recomienda el locutor esta película? ______________________

Actividad 6: ¿Un viaje fantástico?

Parte A: Una muchacha mexicana que acaba de regresar de Buenos Aires, Argentina, le está contando sobre su viaje a un amigo que ya conoce esa ciudad. Escucha la conversación y marca los lugares que ella visitó.

1. ❑ la calle Corrientes
2. ❑ la calle Lavalle
3. ❑ la Casa Rosada
4. ❑ la Catedral
5. ❑ la Plaza de Mayo
6. ❑ la Recoleta
7. ❑ el cementerio de la Recoleta

Parte B: Ahora escucha la conversación otra vez y apunta la información que da el muchacho sobre los tres lugares que ella no visitó.

1. ______________________________
2. ______________________________
3. ______________________________

Parte C: Ahora imagina que eres el muchacho y escribe oraciones para decir por qué piensas que **es lamentable,** que **es una pena** o que **te sorprende** que ella no haya visitado esos lugares.

1. ______________________________
____
2. ______________________________
____

Actividad 7: Características de un político.

Parte A: Consuelo, la locutora de un programa de radio, le pregunta a la gente cuáles son las características que necesita un político para tener éxito. Escucha las llamadas y apunta las cuatro características que se mencionan.

1. ______________________________
2. ______________________________
3. ______________________________
4. ______________________________

Parte B: Ahora usa tus apuntes para escribir oraciones con las dos características que a ti te parecen las más importantes de las cuatro. Usa expresiones como: **es bueno que, es importante que, es fundamental que.**

1. ______________________________
2. ______________________________

Estrategia de comprensión oral: *Distinguishing Fact from Opinion*

There are times when facts can be presented in an opinionated fashion. Whether you are listening to a newscast, an editorial or a simple conversation between friends, it is important to separate facts from opinions. Notice how changing a single adjective can alter how an event is perceived by the listeners: *An angry crowd gathered in front of the White House / A spirited crowd gathered in front of the White House.* Therefore, it is important to know, if possible, the bias of the speaker to whom you are listening.

Actividad 8: ¿Ayuda norteamericana? Ahora para la cinta y lee las instrucciones en el manual de laboratorio.

Carmen y Ramiro hablan sobre el beneficio de que los Estados Unidos se alíe *(ally)* con los países latinoamericanos. Escucha la conversación y completa la siguiente información.

1. Carmen piensa que la alianza *(alliance)* puede traer estabilidad ____________________ y ____________________.
2. Carmen cree que los EE.UU. pueden (marca dos)
   a. ❑ combatir el tráfico de drogas.
   b. ❑ dar préstamos.
   c. ❑ invertir dinero.
   d. ❑ abrir fábricas.
   e. ❑ ofrecer ayuda militar.
3. Para Ramiro la solución es ____ ____.

Éste es el final del programa de laboratorio para el Capítulo 6. Ahora vas a escuchar los monólogos que escuchaste en clase, **"La estabilidad política"**. Mientras escuchas, puedes mirar el guión de la conversación que está en el apéndice del manual.

Capítulo 7

Comprensión oral

Actividad 1: Deportes de aventura. Vas a escuchar definiciones de deportes de aventura. Escribe el número de la definición al lado del deporte que se describe.

______ hacer esquí alpino	______ hacer esquí nórdico	______ hacer esquí acuático
______ bucear	______ hacer surfing	______ hacer snorkeling
______ acampar	______ escalar	______ hacer alas delta

Actividad 2: Inferencias. Vas a escuchar tres conversaciones cortas. Intenta deducir qué ocurre en cada situación y marca tus deducciones en el manual de laboratorio.

Conversación 1

a. Están en	❑ una fiesta.	❑ una tienda de ropa.
	❑ un supermercado.	❑ una oficina.
b. La mujer es	❑ una supervisora.	❑ una cliente.
	❑ una cajera.	❑ una oficinista.
c. El hombre es	❑ un supervisor.	❑ un cliente.
	❑ un oficinista.	❑ un cajero.
d. El hombre no necesita	❑ comida.	❑ más trabajo.
	❑ papel.	❑ bolsas.

Conversación 2

a. Las personas que hablan son

	❑ vecinos.	❑ esposos.
	❑ hermanos.	❑ amigos.
b. Hablan de	❑ su vecino.	❑ sus amigos.
	❑ sus hijos.	❑ su hija.

c. La mujer ya les dijo muchas veces que

- ❑ hagan la tarea.
- ❑ ordenen la habitación.
- ❑ apaguen la luz.
- ❑ sean honestos.

Conversación 3

a. Las personas que hablan son

- ❑ esposos.
- ❑ hermanos.
- ❑ abuelo y nieta.

b. Él compró

- ❑ bombones.
- ❑ un par de aretes.
- ❑ flores.
- ❑ unos videos.

c. Son para

- ❑ su madre.
- ❑ una prima.
- ❑ un amigo.
- ❑ su esposa.

d. El motivo es

- ❑ el cumpleaños de ella.
- ❑ su aniversario de casados.
- ❑ un ascenso en el trabajo.

Actividad 3: Sugerencias.

Parte A: Antes de escuchar un anuncio sobre cómo conservar agua en el baño, para la cinta y marca las cuatro sugerencias que en tu opinión son las mejores.

	Tus sugerencias	**Sugerencias del anuncio**
1. cerrar el grifo mientas se afeita	❑	❑
2. cerrar el grifo mientras se lava los dientes	❑	❑
3. instalar una ducha que consume poca agua	❑	❑
4. no usar el inodoro *(toilet)* como basurero	❑	❑
5. poner una botella con piedras en el tanque del inodoro	❑	❑
6. tomar duchas cortas	❑	❑

Parte B: Ahora escucha el anuncio y marca en la lista de la parte A las cuatro sugerencias que escuchas.

NOMBRE ______________________ FECHA ______________

Actividad 4: En busca de ayuda.

Parte A: Un muchacho llama a una asociación de psicólogos que ofrece ayuda por teléfono. Escucha la conversación y marca los cuatro problemas que tiene el muchacho.

1. Cree que no es una persona atractiva. ❑
2. Cree que no es una persona interesante. ❑
3. Discutió con un profesor. ❑
4. No hay nadie que escuche sus problemas. ❑
5. No hay nadie que quiera salir con él. ❑
6. No tiene ganas de estudiar. ❑
7. Saca malas notas en la facultad. ❑
8. Tiene problemas con su jefe. ❑
9. Tiene problemas con su novia. ❑

Parte B: Ahora para la cinta y escribe dos consejos que puedes darle a este muchacho. Usa expresiones como: **te aconsejo que, es importante que, es necesario que.**

1. ____
____
2. ____
____

Actividad 5: Quiero un lugar ...

Parte A: Un joven mexicano, que vive en el D. F. (la ciudad de México), le está describiendo a una amiga el lugar ideal para vivir. Escucha la conversación y marca las tres características que busca el joven en un lugar.

1. que esté cerca del mar ❑
2. que haga calor ❑
3. que haya poco crimen ❑
4. que tenga aire puro ❑
5. que sea tranquilo ❑
6. que sea un centro urbano ❑
7. que tenga escuelas buenas ❑

Parte B: Escucha la conversación otra vez y escribe las dos cosas que está haciendo el gobierno mexicano para controlar la contaminación en el D. F.

1. ______________________________
2. ______________________________

Actividad 6: La agencia de viajes. Una muchacha está hablando por teléfono con un agente de viajes, pues quiere que le recomiende un lugar de vacaciones. Escucha la conversación y apunta en cada sección la información apropriada.

Tipo de lugar que busca:

1. ______________________________
2. ______________________________
3. ______________________________

Lugares que sugiere el agente de viajes:

1. ______________________________
2. ______________________________

Qué hay en el primer lugar:

1. ______________________________
2. ______________________________

Qué hay en el segundo lugar:

1. ______________________________
2. ______________________________

Estrategia de comprensión oral: ***Listening to a News Story***

A news story usually answers the questions ***what? when? where?*** and ***how?*** Therefore, it is useful to have these questions in mind when you listen to a news story.

Actividad 7: Una noticia ecológica. Vas a escuchar una noticia ecológica. Apunta la información apropiada para cada pregunta.

Qué: ______________________________

Cuándo: ______________________________

Dónde: ______________________________

Cómo: ______________________________

Actividad 8: El ecoturismo. Ahora para la cinta y lee las instrucciones en el manual de laboratorio.

Carlos y una amiga hablan sobre el ecoturismo en Costa Rica y las Islas Galápagos. Escucha la conversación y escribe los tres problemas que tiene Costa Rica según Carlos.

Problemas de Costa Rica según Carlos: (marca tres)

1. ❑ demasiados autobuses para turistas
2. ❑ muchos turistas
3. ❑ entrada a parques nacionales muy barata
4. ❑ muchas industrias
5. ❑ deforestación

Éste es el final del programa de laboratorio para el Capítulo 7. Ahora vas a escuchar la conversación que escuchaste en clase, **"Unas vacaciones diferentes".** Mientras escuchas, puedes mirar el guión de la conversación que está en el apéndice del manual.

Capítulo 8

Comprensión oral

Actividad 1: Consejos laborales.

Parte A: Una persona llama a un programa de radio para pedir consejos sobre un problema laboral. Escucha la conversación y apunta el problema que tiene la persona.

Problema: ____

____

Parte B: Antes de escuchar a la locutora, para la cinta y escribe un consejo para esta persona usando **antes de que, en caso de que** o **a menos que.**

Tu consejo: ____

____

Parte C: Ahora escucha a la locutora y marca el consejo que ella le da.

1. ir a hablar con su jefe ❑
2. buscar otro trabajo ❑
3. no darle importancia al rumor ❑
4. averiguar más sobre el rumor ❑
5. tomarse unas vacaciones ❑

Actividad 2: El sofá perfecto.

Parte A: Una muchacha le está contando a un amigo cómo es el sofá que ella quiere diseñar. Antes de escuchar la conversación, marca tres características que te gustaría tener en un sofá.

	Tus preferencias	Sus preferencias
1. tener revistero *(magazine rack)*	❑	❑
2. ser reclinable	❑	❑
3. tener control remoto	❑	❑
4. tener lámpara	❑	❑
5. tener un cajón multiuso	❑	❑
6. dar masajes	❑	❑
7. emitir calor en invierno y frío en verano	❑	❑
8. tener un portalibros *(book holder)* con luz	❑	❑

Parte B: Ahora escucha la conversación y marca en la lista de la parte A las tres características que menciona la muchacha.

Parte C: Ahora para la cinta y escribe para qué sirven las tres características que discutieron los amigos. Usa expresiones como: **para que, sin, en caso de que, a menos que.**

1. ____
2. ____
3. ____

Actividad 3: Entrevista a un profesor de inglés. La locutora de un programa de radio entrevista a un profesor de inglés que fue nombrado "Profesor del año". Escucha la entrevista y marca tres cosas que hace un buen profesor.

1. no explicar gramática en clase ❑
2. hablar sólo el idioma extranjero ❑
3. indicar qué tarea hay que entregar *(hand in)* ❑
4. dar instrucciones claras ❑
5. preguntar "¿Entienden?" con frecuencia ❑
6. dar exámenes sorpresa ❑
7. trabajar en grupos ❑
8. hacer preguntas para asegurarse que los alumnos entendieron ❑

NOMBRE ____________________ FECHA ____________

Actividad 4: Cómo buscar trabajo.

Parte A: Un locutor de radio entrevista a una empresaria sobre la mejor manera de buscar trabajo. Escucha la conversación y apunta los cinco consejos que da la empresaria.

1. ____________________
2. ____________________
3. ____________________
4. ____________________
5. ____________________

Parte B: Ahora para la cinta e imagina que tienes que darle dos consejos a una amiga que tiene una entrevista laboral mañana. Escribe los consejos usando frases como: **te aconsejo, te recomiendo, es importante, para que, a menos que.**

1. ____________________
____________________.
2. ____________________
____________________.

Actividad 5: La entrevista laboral. Victoria Ávarez se presenta para un puesto de recepcionista en un hotel. Escucha la entrevista con el gerente y marca la experiencia y los conocimientos que tiene esta candidata.

1. Es capaz de negociar conflictos. ❑
2. Ha trabajado con adultos. ❑
3. Ha usado WordPerfect. ❑
4. Ha trabajado con niños. ❑
5. Ha estudiado idiomas extranjeros. ❑
6. Ha cursado computación. ❑
7. Ha trabajado con Microsoft Word. ❑
8. Ha cambiado de trabajo con frecuencia. ❑

Estrategia de comprensión oral: *Taking Notes (Part 1)*

Taking notes can aid you in organizing and understanding information you listen to. You usually take notes when you listen to a lecture in class. One way of practicing note-taking is by filling out an outline, as you will be able to do in the following activity.

Actividad 6: La modernización de América Latina. Ahora para la cinta y lee las instrucciones en el manual de laboratorio.

Una profesora habla sobre la modernización de los países latinoamericanos. Escucha y completa el siguiente bosquejo *(outline)*.

La modernización de los países latinoamericanos

1. **Privatizar**
   En México: ______________________ privatizados
2. **Combatir la** ______________________
   Argentina pasó de una ______________________ del 3.100% anual al _________% anual.
3. **Abrirse a** ______________________
   En Chile y en Perú: corporaciones americanas ______________________ en ______________________ de cobre
4. **Firmar acuerdos**
   Tratado de Libre Comercio: ______________________, Canadá y ______________________ *(países)*
   Mercosur: ______________________, Brasil, ______________________ y Paraguay *(países)*
   Conclusión: El futuro ____.

Éste es el final del programa de laboratorio para el Capítulo 8. Ahora vas a escuchar las entrevistas que escuchaste en clase, **"Trabajar en el extranjero".** Mientras escuchas, puedes mirar el guión de las entrevistas que está en el apéndice del manual.

NOMBRE ____________________ FECHA ____________

Capítulo 9

Comprensión oral

Actividad 1: Vocabulario artístico. Vas a escuchar definiciones de palabras relacionadas con el arte. Escribe el número de la definición al lado de la palabra que se define en cada caso.

_______ apreciar	_______ la habilidad innata	_______ la obra maestra
_______ la burla	_______ la imagen	_______ patrocinar
_______ censurar	_______ interpretar	_______ simbolizar

Actividad 2: ¿Qué es arte? Cuatro personas llaman a un programa de radio para decir qué es arte. Escucha las llamadas e indica la definición que da cada persona.

Arte es ...

1. _____ Raúl
2. _____ Carlota
3. _____ Olga
4. _____ Carlos

a. la expresión del artista.
b. cualquier cosa que expresa lo que una persona siente.
c. objetos de mucho valor.
d. un cuadro.
e. cosas que crea un experto en el tema.

Actividad 3: Me importaba mucho.

Parte A: Dos jóvenes están hablando de las cosas que eran importantes para ellos cuando tenían 12 años. Escucha la conversación y marca sólo las cosas que eran importantes para cada uno. ¡Ojo! Algunas cosas eran importantes para los dos.

	Julia	Marcos
1. cuidar el físico	❑	❑
2. fumar	❑	❑
3. llevar ropa de moda	❑	❑
4. ser como los/las demás	❑	❑
5. ser popular	❑	❑
6. sus amigos/as respetarlo/a	❑	❑
7. tener amigos/as populares	❑	❑
8. tener muchas cosas	❑	❑

Parte B: Ahora para la cinta y escribe dos oraciones para expresar las cosas que te interesaban cuando eras adolescente. Usa palabras como: **importarle, interesarle, querer, ser preciso.**

1. ____

____

2. ____

____

Actividad 4: El consejero matrimonial.

Parte A: Una pareja va a ver a un consejero matrimonial porque tiene problemas. Escucha la conversación e indica qué dice el hombre y qué dice la mujer.

	Hombre	**Mujer**
1. "Nunca escucha lo que digo".	❑	❑
2. "Siempre habla hasta por los codos".	❑	❑
3. "¿Quieres hablar de nuestra falta de comunicación?".	❑	❑
4. "Tú te dormiste antes que yo".	❑	❑
5. "Un día voy a tirar el televisor por la ventana".	❑	❑

Parte B: Ahora para la cinta y escribe qué dijo cada uno usando el estilo indirecto. Por ejemplo: **Él dijo que ella se había quedado dormida primero.**

1. ____

____

2. ____

____

3. ____

____

4. ____

____

5. ____

____

NOMBRE ______________________ FECHA ____________

Actividad 5: La batalla de Rockefeller. Vas a escuchar a una locutora de radio contar una historia sobre el muralista mexicano Diego Rivera. Mientras escuchas, intenta completar la tabla que se presenta.

Historia sobre Diego Rivera

Ciudad:	Edificio:
Ideas políticas del mural:	
1.	2.
Qué provocó el escándalo:	
1.	2.
Qué se hizo con el mural:	
Qué hay en la ciudad de México:	

Estrategia de comprensión oral: *Taking Notes (Part 2)*

In Chapter 8, you practiced taking notes with the help of an outline. Another useful tip when taking notes is to listen for transition words that indicate the next step of the speech, such as introducing, explaining, or giving an example. In the following activity, you will be given a list of transition words to listen for as you hear someone discussing a famous painting.

Actividad 6: Las meninas. Ahora para la cinta y lee las instrucciones en el manual de laboratorio.

Parte A: Eres parte de un grupo de turistas en el museo del Prado en Madrid, y un guía del museo va a describir el cuadro que aparece en el manual de laboratorio. Antes de escuchar al guía, para la cinta e intenta numerar a los personajes del cuadro de la página siguiente usando la lista de nombres que lo acompaña.

1. la infanta Margarita
2. las damas de honor *(ladies in waiting)*
3. Diego Velázquez
4. el Rey Felipe IV
5. la Reina María Ana de Austria
6. José Nieto
7. los bufones *(buffoons)*
8. los servidores

NOMBRE ____________________ FECHA ____________

Parte B: Ahora escucha al guía para confirmar o corregir los números que colocaste.

Parte C: Escucha la descripción otra vez y marca en la tabla las expresiones que usa el guía al hablar sobre esta obra maestra.

Para presentar un tema	**Para explicar**	**Para enumerar**
❑ empezaré por ❑ en primer lugar ❑ por una parte	❑ dicho de otra forma ❑ es decir ❑ lo que quiero decir	❑ primero ❑ segundo ❑ tercero
Para dar información	**Para resumir**	**Para concluir**
❑ como pueden ver ❑ fíjense (que) ❑ recuerden que	❑ en pocas palabras ❑ en resumen ❑ en resumidas cuentas	❑ finalmente ❑ para terminar ❑ por último

Actividad 7: Un cuadro diferente. Ahora para la cinta y lee las instrucciones en el manual de laboratorio.

Parte A: Unos amigos hablan sobre la siguiente pintura. Escucha la conversación y completa la siguiente información.

1. El pintor es
   a. ❑ Pablo Picasso.
   b. ❑ Diego Velázquez.
   c. ❑ Ramiro Arango.
2. Esta obra de arte se llama ____.
3. Esta obra se burla de un cuadro llamado ____________________ de Diego Velázquez.

4. Esta obra usa la naturaleza muerta para ______________________ de ______________________.

Parte B: En la conversación, la muchacha dice que la gente hoy día no se identifica con las obras de la antigüedad. Su amigo, en cambio, piensa todo lo contrario. Escribe una oración explicando lo que tú piensas y porqué piensas así.

____

____

____

Éste es el final del programa de laboratorio para el Capítulo 9. Ahora vas a escuchar la conversación que escuchaste en clase, **"Entrevista a un experto en artesanías"**. Mientras escuchas, puedes mirar el guión de la conversación que está en el apéndice del manual.

NOMBRE ______________________ FECHA ____________

Capítulo 10

Comprensión oral

Actividad 1: La comunicación.

Parte A: Un locutor de radio va a dar consejos para mejorar la comunicación entre padres e hijos. Escucha y marca los dos consejos que da el locutor.

1. contestar las preguntas del hijo con sinceridad ☐
2. escuchar a su hijo ☐
3. no burlarse de su hijo ☐
4. tener en cuenta sus sentimientos ☐
5. no castigarlo severamente ☐

Parte B: Ahora para la cinta e imagina que eres el/la locutor/a del programa. Escribe dos consejos más para decirles a los padres lo que harías tú en su lugar para mejorar la comunicación con sus hijos.

1. En su lugar yo ____
____.
2. Yo que Uds. ____
____.

Actividad 2: Consejos amorosos.

Parte A: Un joven llama al programa de radio "Los consejos de Consuelo" para pedir un consejo. Escucha y apunta su problema y el consejo que le da Consuelo.

Problema: ____
____

Consejo: ____
____

Parte B: Ahora para la cinta y escribe un consejo que le darías tú al joven si fueras Consuelo.

Si fuera Consuelo yo le diría que ____
____.

Actividad 3: Promesas matrimoniales.

Parte A: Una pareja de novios está haciéndose promesas para el futuro. Escucha la conversación y marca quién hace cada promesa.

	Hombre	Mujer
1. "Te haré feliz".	❑	❑
2. "Estaré contigo en las buenas y en las malas".	❑	❑
3. "Te escucharé siempre".	❑	❑
4. "Te daré todo".	❑	❑
5. "Nunca te compraré un gato".	❑	❑
6. "Nunca invitaremos a tus padres a casa".	❑	❑

Parte B: Ahora para la cinta y escribe qué prometió cada uno usando el estilo indirecto. Por ejemplo: **Él prometió que siempre la querría.**

1. ______________________________
2. ______________________________
3. ______________________________
4. ______________________________
5. ______________________________
6. ______________________________

Actividad 4: Un programa de inglés.

Parte A: Vas a escuchar un anuncio comercial sobre un programa de intercambio para venir a estudiar inglés a los Estados Unidos. Para la cinta y marca las cosas que te gustarían si fueras una persona que viniera a estudiar a los Estados Unidos.

	Tú	El anuncio
1. tener 5 horas de clase al día	❑	❑
2. vivir con una familia americana	❑	❑
3. quedarse en un hotel de cuatro estrellas	❑	❑
4. hablar inglés con americanos	❑	❑
5. aprender expresiones informales	❑	❑
6. visitar lugares de interés turístico	❑	❑
7. recibir un certificado al terminar	❑	❑

Parte B: Ahora escucha el anuncio comercial y marca en la lista de la parte A las cuatro cosas que ofrece el programa de inglés.

Actividad 5: ¿Tener hijos? Dos amigos están hablando sobre lo que implica tener hijos. Escucha la conversación y marca las ventajas y desventajas que mencionan.

Ventajas

1. ❑ ser una experiencia enriquecedora
2. ❑ ver crecer a un ser humano
3. ❑ afianzar *(strengthen)* la pareja
4. ❑ compartir la vida con otro ser humano
5. ❑ madurar como persona

Desventajas

1. ❑ necesitar mucha paciencia
2. ❑ necesitar mucho dinero
3. ❑ no poder desarrollarse profesionalmente
4. ❑ preocuparse por más problemas
5. ❑ ser mucho trabajo

Actividad 6: Un anuncio informativo. Escucha el siguiente anuncio informativo sobre Colombia y completa la tabla.

1. Estudiantes universitarios:
   a. Hombres ________% Mujeres ________%
   b. Proporción de estudiantes en la carrera de administración de empresas:
   ________ hombre(s) a ________ mujer(es).
2. Fuerza laboral:
   a. El ________% son mujeres.
   b. Una mujer gana ________% menos que un hombre en el mismo puesto.

Estrategia de comprensión oral: *Taking Notes (Part 3)*

In Chapter 9, you practiced listening for transition words, which clue you into knowing when a speaker is introducing, explaining, or summarizing a topic. Other transition words that are helpful to listen for when taking notes are the ones speakers use when comparing or contrasting ideas. In the following activity, you will be given a list of expressions to listen for as you hear two people comparing the role of men and women in a Hispanic country.

Actividad 7: El hombre y la mujer. Ahora para la cinta y lee las instrucciones en el manual de laboratorio.

Parte A: Teresa y Juan discuten el papel del hombre y de la mujer en un país hispanoamericano. Escucha la conversación y marca la información correcta.

1. Según Teresa, la sociedad espera que las mujeres trabajen
   a. ❑ más que los hombres.
   b. ❑ menos que los hombres.
   c. ❑ tanto como los hombres.
2. Según Teresa, la sociedad trata a las mujeres
   a. ❑ igual que a los hombres.
   b. ❑ diferente que a los hombres.
3. Según Teresa, la mujer debe (marca 5)
   a. ❑ ayudar a los niños con su tarea.
   b. ❑ ser una madre perfecta.
   c. ❑ cuidar al marido.
   d. ❑ estar siempre hermosa.
   e. ❑ hacer la comida.
   f. ❑ hacerse cargo *(be in charge)* de la casa.
   g. ❑ trabajar fuera de la casa.

Parte B: Escucha la conversación otra vez y marca en la tabla las expresiones que Teresa y Juan usan al hablar sobre el hombre y la mujer en la sociedad.

Para comparar	**Para contrastar**
❑ (al) igual que	❑ a diferencia de
❑ de la misma manera	❑ diferenciarse de
❑ del mismo modo	❑ en cambio
❑ ser similar/parecido	❑ en contraste con
❑ tan (adjetivo) como	❑ más/menos (adjetivo/sustantivo) que
❑ tanto como/tanto ... como ...	❑ por un lado ... por otro lado
	❑ no obstante, sin embargo

Éste es el final del programa de laboratorio para el Capítulo 10. Ahora vas a escuchar el monólogo que escuchaste en clase, **"La parentela cubana".** Mientras escuchas, puedes mirar el guión del monólogo que está en el apéndice del manual.

Capítulo 11

Comprensión oral

Actividad 1: Mala suerte. Vas a escuchar a tres personas hablar de un problema que tuvo cada una. Escúchalas para deducir y marcar qué le pasó a cada persona.

1. ______ a la mujer
2. ______ al hombre
3. ______ a la esposa del señor

a. Se le acabó la gasolina.
b. Se le descompuso la computadora.
c. Se le quedaron las llaves en el carro.
d. Se le olvidó el nombre de una persona.
e. Se le perdió la billetera *(wallet)*.
f. Se le rompieron los pantalones.

Actividad 2: Noticias criminales.

Parte A: Vas a escuchar unas noticias. Para cada caso, indica el acto criminal que se cometió.

______ asesinar
______ atacar
______ drogarse
______ robar
______ secuestrar
______ sobornar
______ traficar (drogas)
______ violar (a alguien)
______ suicidarse

Parte B: Ahora escucha las noticias otra vez y completa, de una forma lógica, las oraciones que aparecen en el manual de laboratorio.

Noticia No. 1: La policía busca a alguien que ______________________________
____.

Noticia No. 2: La policía duda que ______________________________
____.

Noticia No. 3: La policía buscaba una carta que ______________________________
____.

Noticia No. 4: La policía esperaba que ______________________________
____.

Actividad 3: Un anuncio informativo.

Parte A: Vas a escuchar un anuncio informativo sobre el peligro de conducir un carro después de beber alcohol. Antes de escuchar el anuncio, para la cinta y bajo la columna que dice "Tú", marca las tres consecuencias más importantes de beber alcohol.

	Tú	**El anuncio**
1. euforia	❑	❑
2. falta de concentración	❑	❑
3. inseguridad	❑	❑
4. nervios	❑	❑
5. reflejos lentos	❑	❑
6. sueño	❑	❑
7. visión borrosa *(blurry)*	❑	❑

Parte B: Ahora escucha el anuncio y marca bajo la columna "El anuncio" de la parte A las tres consecuencias que escuchas.

Actividad 4: El mundo del futuro.

Parte A: Dos jóvenes están hablando de las cosas que ya habrán ocurrido dentro de 40 años. Escucha la conversación y marca las dos situaciones que predice cada uno.

	Él	**Ella**
1. legalizar las drogas	❑	❑
2. aprobar una ley para poder portar armas	❑	❑
3. no haber más policía	❑	❑
4. erradicar el hambre	❑	❑

Parte B: Ahora para la cinta y escribe dos oraciones sobre cosas que crees que ya habrán ocurrido para dentro de 40 años.

1. Para dentro de 40 años ____

   ____.

2. Para dentro de 40 años ____

   ____.

Actividad 5: Un programa de radio.

Parte A: Consuelo, la locutora de radio, cuenta una situación problemática. Escucha y numera las acciones en el orden en que sucedieron.

a. ______ Dos niños robaron un lápiz.
b. ______ Los dos niños fueron castigados enfrente de los estudiantes.
c. ______ Los estudiantes salieron a jugar al patio.
d. ______ Los niños fueron a hablar con la directora.
e. ______ Una maestra vio a los dos niños.

Parte B: Ahora para la cinta y escribe qué habrías hecho tú si hubieras estado en el lugar de la directora y qué habrías hecho si hubieras sido el padre o la madre de uno de los niños.

1. Si hubiera estado en el lugar de la directora, ______________________________
____.
2. Si hubiera sido uno de los padres, ______________________________
____.

Parte C: Ahora para la cinta y lee las acciones que aparecen en el manual de laboratorio. Luego escucha la opinión de un señor, y marca tres cosas que habría hecho él en el lugar de la directora y tres cosas que habría hecho en el lugar de los padres.

1. **En el lugar de la directora**
   a. ❑ Habría hecho lo mismo.
   b. ❑ No le habría dado importancia al caso.
   c. ❑ Habría hablado con los padres.
   d. ❑ Habría hablado con los maestros.
   e. ❑ Les habría dado más tarea como castigo.
   f. ❑ Habría hecho que los niños fueran a la escuela un sábado.
2. **En el lugar de los padres**
   a. ❑ Habría demandado *(sued)* a la escuela.
   b. ❑ Habría hablado con la directora.
   c. ❑ Le habría preguntado al niño por qué hizo eso.
   d. ❑ Habría castigado al niño.
   e. ❑ Habría sacado al niño de escuela.
   f. ❑ Le habría dicho a la directora que no humillara a los niños.

Estrategia de comprensión oral: *Taking Notes (Part 4)*
In Chapter 10, you practiced listening for transition words which clue you into knowing when a speaker is comparing and contrasting. Other transition words that are useful to listen for when taking notes are the ones speakers use when discussing cause and effect. In the following activity, you will be given a list of expressions to listen for as you hear two people discussing the legalization of drugs.

Actividad 6: El consumo de las drogas. Ahora para la cinta y lee las instrucciones en el manual de laboratorio.

Parte A: Rubén y Marisa hablan sobre la posible legalización de la marihuana. Escucha la conversación y completa la siguiente información.

1. Para Rubén, si se legaliza la marihuana, (marca tres)
   a. ❑ se creará una narcodemocracia.
   b. ❑ habrá más adictos.
   c. ❑ habrá más adictos entre los menores de edad.
   d. ❑ habrá más violencia.
   e. ❑ la sociedad será un caos.
2. Para Marisa, si se legaliza la marihuana, (marca dos)
   a. ❑ habrá menos adictos.
   b. ❑ esto no afectará el consumo.
   c. ❑ no habrá traficantes que ganen tanto dinero.
   d. ❑ habrá menos violencia.
3. La solución para Rubén es ____

   ____.

Parte B: Escucha la conversación otra vez y marca en la tabla las expresiones que Rubén y Marisa usan al hablar sobre la legalización de la marihuana.

Causa y efecto	
❑ a causa de (que)	❑ por eso
❑ así que	❑ por lo tanto
❑ causar, provocar	❑ porque
❑ como consecuencia	❑ el resultado
❑ deberse a (que)	❑ traer como resultado
❑ el factor, la causa	❑ una razón por la cual

Éste es el final del programa de laboratorio para el Capítulo 11. Ahora vas a escuchar la entrevista que escuchaste en clase, **"¿Coca o cocaína?"**. Mientras escuchas, puedes mirar el guión de la entrevista que está en el apéndice del manual.

NOMBRE ______________________________ FECHA ______________

Capítulo 12

COMPRENSIÓN ORAL

Actividad 1: Una entrevista de radio.

Parte A: Vas a escuchar una entrevista de una emisora de radio de Los Ángeles con un asistente social. Mientras escuchas la entrevista, indica si las oraciones que aparecen en el manual de laboratorio son ciertas (C) o falsas (F).

1. ______ Las familias hispanas no castigan *(punish)* a sus hijos.
2. ______ La ley de Los Ángeles protege a los niños.
3. ______ Si uno quebranta *(break)* la ley, puede perder a los hijos.
4. ______ Para los hispanos la crianza de los niños es asunto del gobierno.

Parte B: Ahora para la cinta e imagina que eres un/a asistente social. Escribe dos sugerencias para padres de familia sobre cómo pueden castigar a un niño. Usa expresiones como: **les recomiendo que, les sugiero que, les aconsejo que.**

1. ____
____
2. ____
____

Actividad 2: Comentario de una película.

Parte A: Mientras escuchas el comentario de la película *My family / Mi familia,* coloca la letra de la acción al lado de la persona a quien se refiere.

1. ______ José Sanchez
2. ______ Chucho Sánchez
2. ______ Jimmy Sánchez

a. Se casó con una mujer para salvarla de los escuadrones de la muerte *(death squads)*.
b. Se rebela contra las tradiciones mexicanas.
c. Vino de México en los años 20.

Parte B: Ahora escucha el comentario de la película otra vez para completar las oraciones que aparecen en el manual de laboratorio.

1. La película narra la historia de ____
   ____.
2. La historia tiene lugar en (ciudad) ______________________________.
3. El director, Gregory Nava, también filmó la película ______________________.

Actividad 3: Un anuncio comercial.

Parte A: Vas a escuchar un anuncio comercial sobre entrevistas que se harán la semana próxima a tres hispanas famosas en los Estados Unidos: Rita Moreno, Gloria Molina y Gloria Estefan. Antes de escuchar el anuncio, para la cinta y marca en la primera columna de cada nombre la nacionalidad y lo que crees que hizo o hace cada mujer.

	Moreno		**Molina**		**Estefan**	
1. Es cubana.	❑	❑	❑	❑	❑	❑
2. Es puertorriqueña.	❑	❑	❑	❑	❑	❑
3. Es méxicoamericana.	❑	❑	❑	❑	❑	❑
4. Actuó en *El show de los muppets* y en *Los archivos de Rockford*.	❑	❑	❑	❑	❑	❑
5. Canta con el Miami Sound Machine.	❑	❑	❑	❑	❑	❑
6. Cantó la canción "Conga".	❑	❑	❑	❑	❑	❑
7. Es una líder política hispana.	❑	❑	❑	❑	❑	❑
8. Ganó dos Emmys, un Óscar, un Tony y un Grammy.	❑	❑	❑	❑	❑	❑
9. Trabaja en la Junta de supervisores del condado de Los Ángeles.	❑	❑	❑	❑	❑	❑

Parte B: Ahora escucha el anuncio y confirma o corrige la información sobre cada mujer en la segunda columna de la tabla de la parte A.

Actividad 4: La educación bilingüe. Ahora para la cinta y lee las instrucciones en el manual de laboratorio.

Parte A: Una pareja habla sobre la educación bilingüe en los Estados Unidos. Escucha la conversación y completa la siguiente información.

1. Hoy día los hijos de los inmigrantes alemanes e italianos (marca una)
   a. ❑ no le prestan atención a sus raices.
   b. ❑ visitan parientes en Alemania e Italia.
   c. ❑ hablan alemán e italiano con sus parientes.
   d. ❑ estudian alemán e italiano en la universidad.
2. A los Estados Unidos les conviene tener personas bilingües para (marca una)
   a. ❑ gastar menos dinero en traductores.
   b. ❑ comerciar *(do business)* con el mundo.
   c. ❑ que haya una gran variedad de culturas.
   d. ❑ que la gente de diferentes culturas se entienda entre sí.
3. Las personas que hablan inglés en la casa lo estudian __________ años en la escuela.

Parte B: Ahora marca con cuál de las siguientes ideas estás de acuerdo.

1. ❑ A los estudiantes de otros países hay que enseñarles en la escuela solamente inglés. Pueden aprender su propio idioma en casa.
2. ❑ A los estudiantes de otros países hay que enseñarles en la escuela tanto inglés como su propio idioma.
3. ❑ A los estudiantes de otros países hay que enseñarles en la escuela su propio idioma solamente.

Éste es el final del programa de laboratorio para el Capítulo 12. Ahora vas a escuchar el poema que escuchaste en clase. Mientras escuchas, puedes mirar el guión que está en el apéndice del manual.

Scripts of Text Conversations

Capítulo preliminar

Un encuentro inesperado en la facultad

Jorge: Perdón …
Viviana: Está bien …
Jorge: ¿Viviana?
Viviana: ¡Jorge! ¿Cómo estás? ¡Tanto tiempo!
Jorge: ¡Qué alegría verte! Pero, ¿qué haces aquí en la facultad?
Viviana: Estudio para ser profesora de literatura.
Jorge: ¿En serio? ¡No me digas!
Viviana: Sí. ¿Por qué?
Jorge: ¡No lo puedo creer! Yo también estudio para ser profesor de literatura.
Viviana: ¡Qué increíble! ¿Éste es tu primer año?
Jorge: No. Estoy en segundo año.
Viviana: ¡Qué bueno! Entonces conoces a todos los profesores, ¿no?
Jorge: ¡Claro que sí! Estás estudiando griego, ¿no?
Viviana: ¡Ay, sí! ¡Qué difícil es el griego!
Jorge: Sí, es difícil pero … pero es muy interesante. Y la profesora Gómez te va a encantar. Te aseguro que sus clases son muy interesantes.
Viviana: Es verdad. Ya la conozco y … y me cae bien. Parece una mujer muy interesante. Y, dime, ¿conoces al profesor Rodríguez?
Jorge: ¿Qué? ¿El profesor de literatura?
Viviana: Sí, el de literatura de la Edad Media.
Jorge: Bueno, no … no me cae muy bien Rodríguez.
Viviana: ¿Por qué dices eso? Es muy activo en la clase, ¿no?
Jorge: No sé … hay algo de él que no me gusta, pero no sé qué es. Pero, bueno, y ¿qué otra materia estás cursando?
Viviana: Bueno, mañana empiezo una clase de poesía.
Jorge: ¿De poesía del siglo XIX?
Viviana: No, una clase de poesía del siglo XX. A mí me encanta la literatura, pero leer poesía es difícil. No sé … Creo que voy a tener que estudiar mucho para esa clase.
Jorge: Entonces estás cursando griego, literatura de la Edad Media, poesía del siglo XX … ¿Y qué otra cosa … ?
Viviana: ¡Ah! ¿Sabes qué? Una clase de arte del renacimiento italiano. ¿Qué me importa a mí el arte del renacimiento italiano?

Jorge:	Pues el arte es parte de la historia de un país. El problema es que el profesor Pérez enseña unas clases aburridísimas. ¡Pobre hombre! Es un pesado.
Profesor:	Hola, Jorge. Buenos días.
Jorge:	B … B … Buenos días, profesor Pérez. Justo le estaba diciendo a mi amiga qué interesante es su clase de arte renacentista. ¡Me fascina!
Profesor:	Es muy interesante, ¿verdad? Bueno, adiós.
Viviana:	¡Qué sincero eres!

Capítulo 1

Una experiencia en los Estados Unidos

Pedro:	Bueno, cuéntame cómo te fue por los Estados Unidos.
Carmen:	Estupendamente. Es un país muy interesante porque …
Pedro:	A ver, cuéntame. ¿Qué es lo que más te llamó la atención?
Carmen:	Bueno, pues qué sé yo. A ver … bueno, los americanos me parecen muy educados.
Pedro:	¿Educados? ¿Por qué?
Carmen:	Porque siempre dicen "Yes, please", "No, thanks". Y también "Excuse me" o "Pardon me", que quiere decir perdóneme. Siempre dicen esas frases. Siempre.
Pedro:	Fíjate.
Carmen:	Ah, y otra cosa es que cuando vas caminando por la calle la gente te dice "Hi".
Pedro:	Pero, ¿qué? Tus vecinos te saludan, ¿y? … ¿Y?
Carmen:	No. No digo mis vecinos. Digo gente que no conozco. Tú vas por la calle y miras a alguien y la persona te mira y te saluda … y a veces hasta sonríe.
Pedro:	¿En serio?
Carmen:	Ah, y otra cosa que me llamó mucho la atención, ¿no?, es que cuando vas por la calle tienes que ver … tienes que ver cómo respeta la gente los semáforos para cruzar las calles. Esperan hasta ver la señal que dice "Walk".
Pedro:	Sí, eso lo sabía. Porque en algunos lugares, si cruzas la calle por donde no debes, te ponen una multa.
Carmen:	¿Te imaginas a la gente aquí esperando para cruzar?
Pedro:	No, imposible. Bueno, ¿y qué otras cosas te llamaron la atención?
Carmen:	Que son mucho más formales que nosotros. Nunca te caen de visita a tu casa. Siempre llaman antes de ir.
Pedro:	¿En serio?
Carmen:	Así es. Siempre llaman antes.
Pedro:	¡Qué raros que son los americanos!
Carmen:	Raros no, Pedro. Son diferentes. Es otra cultura.
Pedro:	Bueno. ¡Qué diferentes!
Carmen:	¡Ah! Y otra cosa que … que me llamó la atención es la cantidad de televisión que miran.

Pedro: Es que tienen tantos canales de televisión ...

Carmen: Sí, pero una familia tiene ... una familia tiene en general dos o tres televisores.

Pedro: ¿Dos o tres en una casa?

Carmen: Sí. Por cierto, ¿sabes de quién vi una película por televisión allí?

Pedro: No tengo la menor idea. ¿De quién?

Carmen: De Almodóvar. Parece que es bastante conocido en los Estados Unidos.

Pedro: Fíjate. No lo sabía.

Capítulo 2

La invitación para esta noche

Bill: ¡Hola, Mónica! ¡Qué alegría verte! ¿Cómo estás?

Mónica: Bien. Muy bien, Bill. Pero tengo prisa. Quiero ir a comprarme unos zapatos para esta noche. ¿Vas a ir?

Bill: ¿Esta noche? ¿Adónde?

Mónica: A mi casa. ¿Cómo? Te dejé un mensaje en el contestador automático.

Bill: Ay, odio esos inventos de la tecnología moderna porque nunca funcionan.

Mónica: Bueno, de todos modos, mi hermana y yo organizamos una comida en nuestro apartamento con algunos amigos. Nos pasamos la tarde cocinando.

Bill: Y, ¿a qué hora es la cena?

Mónica: A las 9:00. ¿Vienes? Te vas a divertir un montón.

Bill: Sí, creo que sí.

Mónica: Tienes que ir. Mira que soy buena cocinera, ¿eh?

Bill: Bueno. Entonces a las 9:00 en tu casa.

Mónica: ¿Tienes mi dirección?

Bill: Sí, sí. Me acuerdo dónde está tu casa.

Mónica: Bueno. Nos vemos esta noche. ¡Chau!

Bill: ¡Chau, chau!

Silvia: ¿Quién es?

Bill: Soy yo, Bill, amigo de Mónica.

Silvia: ¡Ah, Bill! ¿Qué tal? Pasa, pasa. ¡Pero qué temprano llegaste! Mónica se está vistiendo.

Bill: ¡¿Temprano?! ¿Soy el primero en llegar? Pero son las 9:10.

Mónica: ¡Bill, ya voy! ¡Me pongo los zapatos, me maquillo y ya estoy en la sala contigo!

Silvia: Bill. Soy Silvia, la hermana menor de Mónica.

Bill: Mucho gusto.

Silvia: ¿Te provoca tomar algo?

Bill: No, te agradezco. No tengo sed. ¡Mmm! ¡Qué rico aroma! ¿Qué es?

Silvia:	¡Ay! ¡Es el pollo! ¡Se está quemando el pollo! ¡Mónica, el pollo!
Mónica:	¡Ya voy!

Capítulo 3

Un anuncio histórico

Todos sabemos algo de la historia de España:

En el año 711 los musulmanes, o moros como los llamaban aquí en España, invadieron la Península Ibérica para llevar la palabra del Corán. 711, año clave en la historia de España. En menos de diez años los moros dominaron casi toda la península.

En el año 718 Don Pelayo ganó la primera de muchas batallas contra los moros y así empezó la Reconquista. 718, año clave en la historia de España.

Entre 1252 y 1284, durante el reinado del rey Alfonso X, o Alfonso el Sabio, hubo una época de coexistencia entre las religiones. Cristianos, moros y judíos pudieron explorar juntos la filosofía y las ciencias. 1252 a 1284, años claves en la historia de España.

En 1478 empezó la Inquisición española, época de persecución contra los judíos y los moros. 1478, año clave en la historia de España.

En 1492 los Reyes Católicos, Fernando e Isabel, expulsaron a los moros de España; Cristóbal Colón llegó a América y España empezó la exploración y colonización de América. 1492, año clave en la historia de España.

Compren la serie de libros *Años claves en la historia de España: 711 a 1492*. El primer libro estará a la venta en todos los quioscos el próximo lunes. Una colección esencial para su biblioteca. El lunes en su quiosco. Todos los lunes, un nuevo libro de la serie *Años claves en la historia de España: 711 a 1492*.

Capítulo 4

La leyenda del maíz

Bueno, hoy les voy a contar una historia, una leyenda, que es la leyenda del maíz. Ésta es una leyenda de los toltecas. Bueno, resulta que había una vez en el cielo dos dioses, el dios Sol y la diosa Tierra. Estos dos dioses, el dios Sol y la diosa Tierra, tenían muchos, muchos hijos. Y un buen día uno de los hijos, que se llamaba Quetzalcóatl, les dijo a sus padres que quería ir a vivir a la tierra, y entonces los padres le dieron permiso y bajó a vivir a la tierra y se fue a vivir con los toltecas. Después de un tiempo los toltecas lo nombraron jefe y Sacerdote Supremo. Y como Quetzalcóatl quería una vida mejor para los toltecas porque ellos eran muy, muy pobres, entonces todas las noches iba a una montaña y les pedía a los dioses inspiración para hacer cosas buenas para los toltecas. Iba todas, todas las noches para pedirles a los dioses: "Por favor, dios Sol y diosa Tierra, quiero inspiración para hacer cosas buenas para esta gente".

Y los dioses le enseñaron a obtener el oro, la plata, la esmeralda y el coral, que es muy bonito. Y con todo esto Quetzalcóatl construyó cuatro casas. Éstas eran casas de coral con oro, plata y esmeraldas. Y entonces los toltecas se hicieron ricos. Pero para Quetzalcóatl esto no era suficiente porque él quería algo más útil para los toltecas; él quería darles algo para su futuro. Y entonces seguía rezando, y rezaba y rezaba y les decía a los dioses que quería inspiración.

Y resulta que una noche hermosa de luna llena, Quetzalcóatl, como era su costumbre, fue a la montaña a pedirles inspiración a los dioses. Y comenzó a rezar y rezar hasta que se quedó dormido, completamente dormido, y comenzó a soñar. Y en el sueño vio una montaña hermosa. Esa montaña estaba cubierta de muchas flores, y de repente, vio un hormiguero. Sí, un hormiguero con muchas hormigas que entraban y salían y las hormigas hablaban, pero Quetzalcóatl no podía oír lo que decían. Y entonces se acercó un poquito y vio que un grupo de hormigas llevaba algo, pero no podía ver qué era, pero vio que las hormiguitas ponían esta cosa dentro del hormiguero.

Y ahí Quetzalcóatl se despertó y misteriosamente comenzó a caminar hasta que llegó a una montaña preciosa cubierta de flores. Y allí, ¿a qué no saben lo que vio? Sí, amigos. Vio el mismo hormiguero que había visto en su sueño. No lo podía creer.

Y entonces les pidió a los dioses que lo convirtieran en hormiga para poder entrar al hormiguero. Y los dioses lo escucharon y decidieron convertirlo en hormiga como él quería. Y entonces lo convirtieron en hormiga y así Quetzalcóatl pudo entrar en el hormiguero y encontró el tesoro de las hormigas. Pero, ¿qué era? Eran cuatro granitos blancos. Entonces él tomó los cuatro granitos blancos y volvió a su pueblo y los escondió. Y los escondió muy bien. Los puso bajo la tierra. No saben la sorpresa que se llevó una mañana cuando salió de su casa y vio unas plantas doradas divinas, con hojas grandes, y en el centro un fruto delicioso.

Entonces, allí Quetzalcóatl se dio cuenta de que los dioses le habían dado algo muy importante, mucho más importante que el oro, la plata, el coral y la esmeralda. Los dioses le habían dado una planta. Sí, una planta: el maíz. Un cereal divino. Y colorín, colorado, esta leyenda ha terminado.

Capítulo 5

¿De dónde es esa fruta?

Mesero: Aquí está su comida. A ver, ¿quién pidió moros y cristianos?

Hombre: ¿Los moros y cristianos? ... Ah, son para mi esposa, por favor.

Mesero: Bien. Y la ropa vieja, ¿para quién es?

Hombre: La ropa vieja es para mí.

Niño: Y el pollo con plátano frito es para mí.

Mesero: Pollo y plátano frito para el señorito.

Mujer: Chévere.

Mesero: Si necesitan algo más, llámenme. Buen provecho.

Hombre y Mujer: Gracias.

Mujer: Me encanta la comida cubana y ¡qué bonita música! ¿Quién canta? ¿Celia Cruz?

Hombre: Creo que sí. Oye, Miguelito, quiero que te comas todo el plátano que tienes en el plato. ¿Entendiste?

Niño: ¿Comérmelo todo? Pero, papi, no tengo mucha hambre.

Hombre: Mira, niño, cómetelos todos.

Niño: Bueno, está bien.

Hombre: Y por favor, pon las dos manos sobre la mesa.

Mujer: Miguelito, esos plátanos están deliciosos.

Hombre: ¿Y saben dónde se encontraron los primeros plátanos?

Mujer: En Cuba, por supuesto.

Hombre: No, en Cuba no.

Mujer: ¡Vamos!

Hombre: El plátano se originó en Asia. ¿Acaso no sabías?

Mujer: ¡En Asia! ¡Por favor! Miguelito, las dos manos sobre la mesa, ¿eh?

Hombre: Pero es verdad. Los primeros plátanos se encontraron en Asia y luego se plantaron en las Islas Canarias, que era una colonia española.

Mujer: ¿En las Islas Canarias? ¿Y qué? ¿Entonces los españoles los trajeron de las Canarias al Caribe?

Hombre: Así es. Ellos los trajeron al Caribe en 1516.

Mujer: Pero qué interesante. No tenía idea.

Niño: Papi, no quiero comer más plátano.

Padre: Te digo que te comas todo el plátano.

Niño: Bueno, me como uno más si tú dejas de dar clase de historia. Mis plátanos no vienen ni de Asia ni de las Islas Canarias. Estos vienen de la cocina y punto.

Capítulo 6

La estabilidad política

Opinión 1: Mujer Bueno, yo creo que la estabilidad política de Hispanoamérica es ... es muy mala porque creo que ... porque no hay mucha estabilidad económica. Lamento que esto sea así pero no tengo idea si algún día va a haber estabilidad económica. ¿Comprende? Y ... También hay mucha corrupción en los gobiernos y eso afecta mucho a nuestros países. Porque yo creo que en los Estados Unidos, por ejemplo, también hay corrupción, pero cuando alguien roba ... como un millón de dólares del tesoro nacional, ¿no?, no es tan obvio como cuando alguien roba dinero en un país como Venezuela, que es más pequeño, y esto afecta mucho, pero mucho más, a la economía del país.

Opinión 2: Hombre Y es muy difícil decir qué va a pasar. En este momento hay cierta estabilidad, pero la democracia en muchos países de Hispanoamérica todavía está en pañales. Se necesita mucho tiempo para ver si la situación mejora o no. Y no creo que ... que haya mucha gente que tenga en claro si quiere un gobierno democrático o no. Algunos dicen que quieren la democracia pero, a la hora de la verdad, cuando no gana el partido por el cual ellos votaron, ¡plaf! van y ponen una bomba en las oficinas de ese partido político. Y eso en una democracia, pues ... no puede ser así. Sencillamente no puede ser así.

Opinión 3: Mujer La verdad es que creo que no se puede generalizar y decir cuál es el futuro político para toda Hispanoamérica. La situación varía de país en país. Hay variedad ... no somos todos iguales, ¿verdad? Colombia no es Perú ni es Argentina, ¿ve? Un país como México, por ejemplo ... el cual le interesa mucho a los Estados Unidos, creo que tiene más posibilidades de salir adelante siempre y cuando preste atención a sus problemas sociales. Está en este momento recibiendo ayuda de los Estados Unidos, no nos olvidemos, y no dudo que esto ocurra de nuevo en el futuro, lo cual le va a ayudar mucho.

Capítulo 7

Unas vacaciones diferentes

Pablo: ¿Y adónde vas a ir de vacaciones este verano?

María José: Mm ... ¿Sabes que no sé? La verdad es que no tengo idea qué quiero hacer este verano.

Pablo: Pues, mujer, es lógico que no tengas idea. Has estado en tantas ciudades que ya no te queda nada por conocer.

María José: Bueno, no exageres. Es verdad que conozco un montón de sitios pero todavía me queda mucho, mucho por conocer. Pero mm ... quiero ... que estas vacaciones sean, no sé, diferentes.

Pablo: ¿Diferentes? ¿Diferentes en qué sentido?

María José: Mm ... no sé. Diferentes. Necesito ir a un lugar que sea tranquilo, donde no tenga que visitar catedrales, ni museos, ni ruinas.

Pablo: O sea, quieres unas vacaciones tranquilas, tranquilas. Y bueno. Entonces vete a un lugar que tenga playa.

María José: ¿A la playa? No, no quiero ir a la playa. El verano pasado estuve en Huatulco en México, que es un lugar con playa. Pero este verano busco un lugar donde haya más actividad, ¿me entiendes?

Pablo: Más actividad, ¿eh? Pero no quieres visitar catedrales o museos.

María José: No, esta vez no. ¡No quiero visitar ninguna catedral!

Pablo: ¡Ah! ¿Sabes qué? ¡Ya sé! Un amigo mío acaba de regresar de unas vacaciones en Ecuador.

María José: ¿Ecuador? Mm ... cuéntame, me interesa.

Pablo: Bueno, resulta que hay una comunidad de ... una comunidad de indígenas quichua en un pueblito llamado Capirona.

María José: ¿Una comunidad de indígenas quichua? Y, ¿qué voy a hacer yo allí?

Pablo: Bueno. Pues, mira. Espera que te cuente. Parece que los quichuas organizan un programa de ecoturismo en su pueblo.

María José: ¿En serio? ¿Ecoturismo? ¿Y sabes en qué consiste el programa?

Pablo: Bueno, creo que ... creo que ellos organizan caminatas por la selva; y me parece que hacen demostraciones de cómo hacen sus canastos ... y también se puede participar en una eh ... en una minga.

María José: ¿Minga? ¿Qué es una minga?

Pablo: No estoy seguro, pero creo que en una minga los visitantes y la gente del lugar trabajan en algún proyecto comunitario o algo así.

María José: ¿Como por ejemplo?

Pablo: No sé. En realidad no me acuerdo. Pero, ¡ojo! El viaje no es fácil, ¿eh? ... Solamente se puede llegar al pueblo en canoa o con una caminata de dos horas.

María José: ¡Uf! ¡Qué ejercicio! Me tengo que poner en forma. Pero me parece interesantísimo. Ay, quisiera hablar con tu amigo.

Pablo: Bueno, ¿sabes qué? Lo veo esta noche. Nos vamos a encontrar para cenar. ¿Quieres ir con nosotros?

María José: Ay, claro. Desde luego. Tengo miles de preguntas para hacerle.

Capítulo 8

Trabajar en el extranjero

Ent.: Hoy voy a entrevistar a dos jóvenes norteamericanos que han trabajado en el exterior para que nos cuenten sobre su experiencia. Primero tenemos a Jenny Jacobsen, que estuvo enseñando inglés en España. ¿No es así, Jenny?

Jenny: Así es.

Ent.: Cuéntanos cómo hiciste para conseguir ese trabajo.

Jenny: Bueno, yo tenía una maestría en enseñanza de español ...

Ent.: Ajá ...

Jenny: Y ... mmmm ... mandé mi curriculum a una escuela privada de inglés en Madrid. Tenía unos amigos americanos en España que trabajaban allí y me habían dado la dirección del lugar.

Ent.: Ajá ...

Jenny: Entonces, en enero me mandaron una solicitud; la rellené y la devolví.

Ent.: ¿Y tardaron mucho en contestarte?

Jenny: No mucho. Creo que alrededor de mediados de marzo, ellos me entrevistaron en la conferencia de TESOL que ese año fue en Chicago.

Ent.: ¿Qué es la conferencia de TESOL?

Jenny: TESOL significa "Teaching English to Students of Other Languages" o enseñanza de inglés a estudiantes de otros idiomas. Y es una conferencia internacional que se hace o en los Estados Unidos o en Canadá y viene gente de todo el mundo para asistir a la conferencia y entrevistar a candidatos para profesores de inglés.

Ent.: Pero, ¡qué interesante! Sigue, por favor.

Jenny: Bueno, me fue muy bien en la entrevista. Entonces a las dos semanas me ofrecieron el puesto e inmediatamente me mandaron los papeles para sacar mi visa.

Ent.: Y ¿es difícil sacar visa para trabajar en España?

Jenny: No es fácil y se necesita tiempo. Luego me fui a Madrid en septiembre y en esa escuela me dieron un entrenamiento de dos semanas para aprender a enseñar inglés.

Ent.: Claro. Porque tú sabías enseñar español, pero nunca habías enseñado inglés, ¿verdad?

Jenny: Correcto. Que uno hable inglés no quiere decir que uno sepa enseñarlo.

Ent.: Es verdad.

Jenny: Bueno. La experiencia fue realmente interesante. Al estar dando clases de inglés conocí a mucha gente, me divertí un montón y, como puede ver, aprendí bastante español.

Ent.: Ya lo creo. Pero dime, ¿y el sueldo? ¿Te alcanzaba para vivir?

Jenny: Sí. Compartía un apartamento con una muchacha de Salamanca y el dinero me alcanzaba lo más bien. Nunca tuve problemas. Pero mucha gente también da clases particulares.

Ent.: Y dime. ¿Hay muchos americanos enseñando inglés en España?

Jenny: ¡Uf! Sí, hay cantidades.

Ent.: Bueno, Jenny. Muchas gracias por haber compartido tu experiencia con nosotros.

Jenny: No. Por nada.

Ent.: Y ahora estamos con nuestro segundo invitado de hoy, Jeff Stahley. Buenas tardes, Jeff.

Jeff: Buenas tardes.

Ent.: Tú también enseñaste inglés, ¿verdad?

Jeff: Así es, pero no en Madrid como Jenny, sino en Medellín.

Ent.: ¡Medellín, Colombia! ¿No era peligroso?

Jeff: No, en absoluto. En realidad no tuve ningún problema.

Ent.: ¿Y cómo hiciste para conseguir el trabajo en Colombia?

Jeff: Bueno, pues yo me fui con una visa de turista y una vez que estaba allí, la universidad me dio trabajo para enseñar inglés.

Ent.: ¿Y cómo te dieron trabajo?

Jeff: Bueno, la universidad quería contratarme y para poder enseñar, yo tenía que ser estudiante. Entonces tomé unos cursitos y así pude enseñar inglés. En vez de pagarme sueldo me dieron una beca. A mí me daba igual con tal de recibir dinero. También di clases particulares de inglés.

Ent.: ¿Y cómo conseguiste los estudiantes para las clases particulares?

Jeff: Bueno, hay tanta gente que quiere aprender inglés con americanos y tan pocos americanos allí que en seguida comencé a tener un montón de clientes.

Ent.: ¿Y te pagaban bien?

Jeff:	¡Uf! No sólo me pagaban bien, sino que como Jenny, conocí a mucha gente y me invitaba a su casa y salíamos juntos, hacíamos muchos programas juntos. En fin, realmente no era turista. Me sentía como en mi casa.
Ent.:	Y para finalizar. Dime, ¿qué consejos puedes darle a un norteamericano que quiera ir a enseñar inglés?
Jeff:	Pues ... que tome algún curso corto para aprender a enseñar inglés antes de ir a otro país. Así puede tener muchas más posibilidades de trabajo.
Ent.:	Bien. Muchas gracias, Jeff, por charlar conmigo.
Jeff:	Fue un placer. Gracias.

Capítulo 9

Entrevista a un experto en artesanías

Locutora:	Bueno, y hoy tenemos un invitado muy especial, Aparicio Gómez, oriundo de Ecuador. El Sr. Gómez nos va a hablar de un arte cuya perfección es admirada en todo el mundo: el famoso sombrero Panamá. Sr. Gómez, buenos días y bienvenido a nuestro programa.
Sr. Gómez:	Muchas gracias a Ud. por invitarme.
Locutora:	Pues, cuéntenos un poco sobre los sombreros Panamá.
Sr. Gómez:	Bueno. Pues ... primero, yo quería explicar que estos sombreros tan famosos se hacen en Ecuador y no en Panamá como piensa mucha gente.
Locutora:	Y entonces, ¿por qué se conocen como sombreros Panamá si se hacen en Ecuador?
Sr. Gómez:	¡Ja! Ocurre que desde hace tiempo los fabricaban en Ecuador, pero ... pero los mandaban al resto del mundo desde Panamá y por eso comenzaron a llamarlos sombreros Panamá. Los llevaban personas como ... como Teddy Roosevelt y el Rey Eduardo VII de Inglaterra y se pusieron muy de moda. Pero ... recuerde Ud. que los mejores son los llamados Montecristi Finos, que están hechos en Montecristi, Ecuador, donde yo vivo, y no en Panamá.
Locutora:	¡Pero qué curioso! Yo pensaba que eran de Panamá.
Sr. Gómez:	No, no, no. Los mejores son de mi pueblo, de Montecristi, Ecuador.
Locutora:	Bueno y, ¿por qué son tan particulares estos sombreros?
Sr. Gómez:	Pues porque los artesanos los hacen a mano con muchísimo cuidado. Usan paja para su fabricación, por supuesto, y ... claro, sólo trabajan de noche.
Locutora:	¡¿Trabajan de noche?! ¿A qué se debe eso?
Sr. Gómez:	Pues por la noche hace más fresco y de día, cuando hace calor, la transpiración del artesano puede echar a perder la paja. Deja manchas.
Locutora:	Y, ¿cuánto tardan en hacer uno de estos sombreros?
Sr. Gómez:	Los buenos llevan más o menos ... más o menos dos meses, pero un sombrero verdaderamente fino lleva ocho meses.
Locutora:	¿Ocho meses? Pero, ¡qué barbaridad!

Sr. Gómez: Sí, pues el trabajo hay que hacerlo con muchísimo cuidado y sólo quedan muy pocas personas que saben hacer buenos sombreros y todas son muy mayores. Debe haber ... más o menos unas veinte personas. Así que dentro de muy pocos años, cuando estas personas ya no estén, no sé quién va a hacer los sombreros.

Locutora: Entonces, probablemente este arte tan maravilloso desaparezca, ¿no?

Sr. Gómez: Así es. Había un artesano que ... que quería que su hijo y su nieto aprendieran y pues ... pues trató de enseñarles una vez, pero mmm ... a ellos no les interesó y a él se le fueron las ganas de enseñarles. Ud. ya sabe cómo son los jóvenes.

Locutora: Sí, entiendo. Y ... dígame una cosa, ¿cuánto cuesta un sombrero Panamá?

Sr. Gómez: Pues, depende. Yo sé que los distribuyen en algunas tiendas de Nueva York y Hawai y allí un sombrero bueno cuesta entre $350 y $750 dólares.

Locutora: ¡Dios mío! No son baratos, ¿eh? ¿Y los mejores cuánto cuestan?

Sr. Gómez: Los mejores se venden en unos diez mil dólares.

Locutora: ¡Diez mil dólares! Pero, ¡qué dineral!

Sr. Gómez: Sí, pero hay gente que aprecia la calidad del sombrero ... que tiene el dinero y que paga ... que paga ese precio. Por supuesto que los artesanos no ganan ni la mitad de eso. Pues Ud. sabe, hay muchos intermediarios; eh ... el sombrero pasa por muchas manos hasta que llega al cliente y ... y todos quieren sacar provecho del negocio.

Locutora: Pero, de todas maneras, ¡es increíble!

Sr. Gómez: Así es. ¡Es increíble!

Locutora: Bueno, Sr. Gómez, se nos acabó el tiempo. Muchas gracias por venir a nuestro programa y compartir con nosotros esta información tan interesante.

Sr. Gómez: Muchas gracias.

Capítulo 10

La parentela cubana

En los Estados Unidos cuando llenamos una planilla para cualquier cosa nos preguntan: "¿Parientes inmediatos?" ... Y nos dan dos líneas para que ahí pongamos un par de nombres. Eso es todo. Parece que aquí la gente solamente tiene dos parientes ...

En Cuba yo necesitaría una planilla de 27 páginas para poder enumerar algunos de mis parientes cercanos ... Porque, para cualquier cubano, la parentela no tiene límites ...

En los EE.UU. todo documento (lo mismo para abrir una cuenta en un banco que para trabajar en una factoría) requiere que pongamos:

"En caso de una Emergencia a quién notificar inmediatamente" ... En mi pueblo natal para responder a esa pregunta, tendría que poner los nombres de más de 300 parientes ...

La familia de los cubanos no solamente es sagrada sino que es enorme. Todo el mundo tiene primos hermanos, primos segundos, terceros, cuartos y quintos. Y los que se casan con esos primos pasan a ser también ¡primos!

Aunque nuestros familiares se divorcien, o se mueran, sus ex-cónyuges siguen siendo parientes nuestros. Julio García Marcos estaba casado con mi prima Julita; ella falleció hace varios años; él se casó de nuevo, pero para mí, eternamente, sigue siendo uno de mis parientes favoritos ...

Y la enorme familia nos sacaba (a veces sin ellos mismos saberlo) de muchos aprietos y nos abría muchas puertas. Porque cuando no nos conocían siempre invocábamos, uno a uno, los nombres de todos los parientes. Y al final resultaba que alguno de nuestros parientes era íntimo amigo de la persona con la cual hablábamos ...

Yo llegaba hasta el extremo de ir a la peletería "La India" y pedir un par de zapatos. Después que el dueño me los entregaba, yo le decía, "Yo no tengo un solo centavo, pero no se preocupe yo soy primo del Alcalde Jaime Quintero" ...

Eso no pareció conmover al propietario de la zapatería. Pero, entonces fui barajando nombres de parientes hasta que di en el clavo cuando le dije, "Yo soy sobrino de Carlos Gómez, el gordo que cobra la electricidad de puerta a puerta" ... El hombre se puso contento, me dio los zapatos, y me dijo, "Está bien, muchacho, cuando Carlos pase por aquí yo le cobro" ...

La parentela era tan grande que a veces no teníamos ni personalidad propia, y a la hora de presentarnos pocas veces decía, "Yo soy Esteban Fernández" sino que prefería decir, "Yo soy el hijo de Esteban" o "Soy el sobrino de Enrique" o "Soy el primo de Armandito de la Torre o de Pepa Carabeo" ...

Los cubanos no estamos solos, somos partes siempre de una gran familia. Nos sentimos acompañados y protegidos. Porque nuestros parientes cercanos no solamente son mamá, papá y dos hermanos, sino hasta un concuño de un sobrino de un primo tercero ...

Y cada familiar tiene 20 amigos, y por carácter transitivo esos amigos pasan a ser amigos nuestros. En una Convención de güineros, en Miami, yo solamente tengo que decir, "Yo soy sobrino de Memo Gómez" y enseguida saltan 25 viejos a abrazarme ...

Por eso las funerarias y los hospitales se abarrotan cuando se muere o enferma un cubano. Porque hacemos de la familia y de la amistad un verdadero culto ...

Este verano viajaré a Miami. Así es que, delante de mí, nadie podrá hablar mal de un güinero. Porque, si no es pariente mío, es amigo de algún pariente mío ...

Capítulo 11

¿Coca o cocaína?

Ent.: Como boliviano, ¿nos podría explicar la diferencia entre la coca y la cocaína?

Boliviano: Bueno la coca es una ... es una hierba, una planta, como es una planta el café, como es una planta el té. La cocaína es la droga que a través de un proceso, a través de un proceso químico se extrae, se saca de la coca. La cocaína es como la cafeína es al café o cualquier droga que se saca de un elemento natural, una cosa natural. Ehhhh ... La diferencia es grande, es decir hay un uso tradicional de la coca en muchos habitantes de los países andinos, es decir Perú, Ecuador, Bolivia ... mastican la coca como ehhh ... en Estados Unidos hay gente que mastica tabaco, de la misma forma mastica la coca para no sé eh, eh, eh ... pasar un período sin comer, para no dormirse, para resistir en el trabajo, para ... hay una serie de usos tradicionales de la coca, de la hoja de coca. Es una hoja verde que se la mastica con otras sustancias y es como tomar un café fuerte. Más o menos. Por el otro lado está la cocaína, que es un derivado químico de la coca. Que … bueno … Ésta es la parte ilegal. Es decir, por un lado hay que distinguir el uso tradicional, legal y correcto de la coca y por el otro el uso ilegal de la cocaína, que es un derivado de la coca. Eh … La coca como, como hierba, como planta o como el café o el té, como cualquier otro tipo de planta parecida, es consumida en los países andinos sin ningún tipo de restricción legal. Uno puede ir a un mercado y comprarse medio kilo de coca, por ejemplo, y consumirla. El consumo, en general está concentrado en las clases trabajadoras, que necesitan este tipo de acompañante para aguantar más jornadas de trabajo muy largas, etc., jornadas continuas de trabajo sin dormir, etc. También es usada la coca, digo, entre, por ejemplo, estudiantes de la clase media … yo incluso como estudiante cuando tenía que escribir un trabajo muy largo, y tenía que trasnochar … quedarme despierto hasta muy tarde … , masticaba coca como en vez de tomar tres cafés fuertes … masticaba coca o tomaba tres cafés fuertes … es una elección como cualquier otra hierba.

Ent.: También es común que los turistas tomen coca, ¿verdad?

Boliviano: Algunas ciudades andinas eh … al sur del Perú, pero sobre todo la capital de Bolivia, este … son muy altas. Es decir, La Paz queda a 3.800 metros sobre el nivel del mar y el aeropuerto de La Paz, una ciudad tan alta, queda más alto inclusive, 4.100 metros del nivel del mar. Entonces cualquier turista o persona que no está acostumbrada a esa altura cuando llega sufre una especie de mal que se llama soroche, que quiere decir, literalmente … es una palabra que quiere decir mal de la altura. Que es una especie de indisposición con dolor de cabeza, etc. … depende eh … para … y esto dura … algunas personas no lo sufren, pero las personas que sí lo sufren cuando llegan a La Paz, eh … eso les dura como dos o tres días. Pero una de las formas de, de aliviar rápidamente este soroche, o mal de la altura, es tomar mate de coca y todo el mundo lo hace … es decir, todo el mundo lo recomienda. Es un mate, como puede ser un té, que consiste en agua hirviendo con unas hojas de coca. Uno toma eso y eso ayuda un poco para que se pase el mal de la altura.

Ent.: Hubo como un pequeño escándalo en La Expo en Sevilla en 1992, ¿verdad?

Boliviano: Bueno … todos los países del mundo tenían una representación en esa feria universal, y la representación de Bolivia además de otras cosas eh … un poco se enfocó en este slogan "Coca no es cocaína". Y trató incluso de llevar hojas de coca. Había prendedores con la forma de hojas de coca, tarjetas con hojas de cocas reales, una serie de cosas tratando de mostrar que la coca como una hierba, como un producto natural, del que se puede sacar otras cosas además de la cocaína … jarabes, remedios, etc., tratando de mostrar que era una cosa no negativa y además es culturalmente parte de nuestros países. Eh … sin embargo esta, esa esa especie de política de promoción de la coca como, como hierba natural fue … tuvo problemas porque, bueno, según acuerdos internacionales la cantidad de droga en la coca, en la hoja, es ilegal, supuestamente, según la convención de Viena. Entonces hubo problemas que no se podía llevar las hojas, una prohibición de que se muestren las hojas en la feria, una serie de problemas de este tipo. Pero, paradójicamente, cuando la Reina Sofía estuvo de visita por La Paz muy poco, como cualquier otro turista extranjero, tomó mate de coca. Y lo hizo a propósito diciendo que sabemos que esto no es una droga tal como se pretende hacer en la relación entre coca y cocaína, no es así, y tomó un mate de coca porque estaba sufriendo soroche, mal de la altura, como todo extranjero que llega. Creo que para dentro de diez años el mundo ya habrá entendido la diferencia entre uno y otro.

Capítulo 12

Un poema

Locutora: Bueno, y ahora quiero leerles un poema muy interesante que me mandó un amigo por correo electrónico. El autor es Félix Aguilar y se inspiró en la poesía de Roque Dalton, un poeta salvadoreño.

Los que construyeron y construyen
al Oeste todos los días,
los que limpian todos los edificios
de Los Angeles todas las noches,
las que crían los hijos de los Anglos
mientras sus hijos están solos
en El Salvador, Honduras, México,
las mucamas de hotel
que sólo ven a los turistas ir y venir,
los que se paran en las
esquinas cada mañana
buscando trabajo
(cualquier cosa con tal de trabajar),
los que venden flores
en las salidas
de las autopistas,
los que cosechan frutas
en tierra extranjera,
los que trabajan de sol a sol
y no reciben ayuda estatal,
los que mantienen al mundo
en sus espaldas,
los que sus familias son más
importante que el oro,
los que fueron muertos
por buscar al
Sueño Americano,
las que fueron violadas
buscando una mejor vida,
los que machacan el inglés
y pasan soñando en regresar
a una tierra a la que no regresan,
los mojados, ilegales, indocumentados,
los eternos extranjeros,
los que les robaron esta tierra,
los perseguidos por apenas regresar

a su tierra ancestral,
los que nacieron aquí
y les niegan iguales derechos,
los que hacen huelgas
y disturbios para reclamar sus derechos,
los siempre sospechosos de todo
(según dicen, por ser culpables de todo),
los que se pudren en las cárceles
de Los Angeles, Folson, y Chico
por ladrones, por hambrientos, por Latinos,
los alegres más alegres del continente,
los reyes del mambo, la cumbia, la punta,
los que se emborrachan y lloran
y lanzan gritos de mariachi
al recordar a los que se quedaron atrás,
los poetas de la tristeza,
los que celebran toda la noche
para la Navidad,
los que se llaman Jesús y María
y se mueren de frío en el Norte,
los que son la roca de Los Angeles
y la promesa del futuro,
los estudiantes de mil y una cosas,
los vendelotodo,
los hacelotodo,
los arreglalotodo,
los explotados,
los luchadores,
mi gente,
los Latinos.

Locutora: Y, amigos, ¿les gustó? Llamen al programa para dar su opinión. Quiero que me digan lo que piensan. El teléfono es (310) 555-2299.

Workbook Answer Key

Capítulo preliminar

Actividad 1: 1. d, 2. f, 3. a, 4. b, 5. e.

Actividad 2: *Answers will vary but should begin as follows:* 1. Me llamo ... 2. Mi apellido es ... 3. Tengo ... años. 4. Soy de ... 5. Estoy en ... año (de la universidad).

Actividad 3: Cómo, De dónde, cuál, Dónde, Por qué, Cómo.

Actividad 4: *Sample answers; some subjects may be in more than one category.*

Humanidades: alemán, arqueología, arte, cálculo, ciencias políticas, cine, comunicación, estudios de la mujer, estudios étnicos, filosofía, geometría analítica, historia, japonés, latín, lingüística, literatura, música, portugués, pedagogía, psicología, ruso, sociología, teatro, teología.

Ciencias: anatomía, antropología, astronomía, cálculo, computación, geometría analítica, ingeniería, química, trigonometría, zoología.

Negocios: administración de empresas, computación, contabilidad, economía, mercadeo, relaciones públicas.

Actividad 5: *Answers will vary.*

Actividad 6: 1. a, c, h, j; 2. h; 3. f; 4. b, d, g, i; 5. e, f.

Actividad 7: *Answers will vary.*

Actividad 8: 1. Es a las ocho y media. 2. Es a las diez menos cuarto. 3. Termina a la una y cuarto. 4. Cursa karate a las cuatro. 5. Estudia negocios. 6. Puede almorzar a la una y media.

Actividad 9: **Parte A:** 1. ti; 2. A mí; 3. a, nos; 4. A, le; 5. A, les; 6. A, le; 7. A, a mí; 8. A, a, les; 9. A ellos/ellas/Uds.; 10. Al, a la, les. **Parte B:** 1. caen mal, 2. fascinan, 3. disgusta, 4. molesta, 5. encantan, 6. interesa, 7. importan, 8. fascina. **Parte C:** *Answers will vary; they must combine any phrase from Parte A with any phrase from Parte B to form logical and grammatically correct sentences.*

Actividad 10: *Answers will vary, but verbs should be singular for items 1, 2, 5, 7 and 8. All the others items use plural verb forms.*

Actividad 11: *Answers will vary according to your opinions. Make sure that each adjective agrees with the noun it modifies in each sentence.*

Actividad 12: *Answers will vary according to your situation.*

Actividad 13: *Answers will vary. Remember to check subject-verb agreement, article-noun agreement, and adjective-noun agreement. If you are in doubt about the gender (masc./fem.) of a word, look it up in your textbook's Spanish vocabulary.*

Actividad 14: *Answers will vary according to your situation.*

Capítulo 1

Actividad 1: Conoces, conozco; 2. salen, salimos, salimos, salgo; 3. esquía, esquío, esquío *(note the accents needed to break up the diphthongs; to review accents and diphthongs, see the Appendix in your text);* 4. visitas, visito; 5. escoger, escojo *(note the need for a j in the yo form—the soft g sound is spelled ja, ge, gi, jo, ju);* 6. Ves, Veo.

Actividad 2: *Answers will vary according to your opinions.*

Actividad 3: *Answers will vary according to your opinions.*

Actividad 4: *Answers will vary but should follow these patterns:* 1. Estudio ... horas por semana normalmente. 2. Falto a muchas/pocas clases. 3. Participo en las discusiones./No contribuyo mucho. 4. Escojo clases con profesores buenos e inteligentes./Escojo clases fáciles. 5. Hago investigación al último momento/con anticipación. 6. Paso muchas noches en vela antes de mis exámenes./No, no paso muchas noches en vela. Estudio con anticipación. 7. Saco buenas notas/notas regulares. *Second and third parts of question will vary according to your study habits.*

Actividad 5: **Párrafo 1:** soy, está, compartimos, asisto/voy, falta, va/asiste, toman, fotocopia. **Párrafo 2:** escoge, hacer, escoge, molesta, sale, bailan, comen, beben, manejan, gastan, pasa. **Párrafo 3:** soy, sé, sacar, discutimos.

Actividad 6: *Answers will vary according to personal data.*

Actividad 7: **Partes A, B:** **e > ie:** cerrar, comenzar, empezar, entender, pensar, perder, preferir, querer, tener*, venir*. **o > ue:** almorzar, costar, dormir, encontrar, poder, probar, soler, volver. **e > i:** decir*, elegir*, pedir, repetir, seguir*, servir. **u > ue:** jugar. **Verbos sin cambios de raíz:** ahorrar, compartir, conocer, manejar, sacar.

Actividad 8: 1. entienden; 2. piensan, pensamos; 3. empieza, Empieza, empiezan; 4. ahorra, ahorro; 5. Comparte, comparte; 6. dice, decimos; 7. Vienen, viene, venimos.

Actividad 9: **Párrafo 1:** puedes, es, van, prueba, entiende, empezar. **Párrafo 2:** quieres, debes, pide, sigues, vas a cerrar/cierras, eres.

Actividad 10: *Answers will vary.*

Actividad 11: 1. a, a la; 2. a; 3. —, a, a; 4. Al, —; 5. —, —, A; 6. —; 7. —, —, —, a.

Actividad 12: **Parte A:** Párrafo 1: a, —, a, al. Párrafo 2: —, —, —, A los. Párrafo 3: A, A, a, a, —, a, —. Párrafo 4: a, —, —, a, a, —. Párrafo 5: a la, al, a, a. **Parte B:** 1. la ciudad; 2. Paula, Alberto, amigos, dos puntos; 3. amigos.

Actividad 13: 1. abuelo, abuela; 2. bisabuela; 3. padres, divorciados; 4. hijastro; 5. yerno; 6. nuera; 7. cuñado; 8. hija única; 9. divorciada; 10. casado, hija.

Actividad 14: 1. hija; 2. hija única; 3. madrastra; 4. sobrino político, casado, sobrina; 5. separada *(as of press time);* 6. hermanos; 7. viuda, muerto.

Actividad 15: *Answers will vary according to your family tree.*

Actividad 16: *Answers will vary. Remember to check subject-verb agreement, article-noun agreement, and adjective-noun agreement. If you are in doubt about the gender (masc./fem.) of a word, look it up in your textbook's Spanish vocabulary.*

Actividad 17: 1. médicos/doctores, 2. actrices/bailarinas, 3. militares, 4. hombres de negocios, 5. científicos, 6. escritores/autores, 7. artistas/pintores, 8. directores, 9. políticos, 10. arquitectos, 11. enfermera.

Actividad 18: *Answers will vary but should start with* Es una persona que.

Actividad 19: 1. pelirroja, 2. barba, 3. patillas, 4. calvo, 5. tatuajes, 6. cicatriz, 7. ojos azules, 8. bigote.

Actividad 20: *Sample answers*: **Ramón:** Color de pelo: negro; Señas particulares: parcialmente calvo, cola de caballo, patillas, bigote, cicatriz debajo de un ojo. **María Elena:** Color de pelo: rubia; Señas particulares: pelo largo y rizado con flequillo, pecas, frenillos, lunar encima/arriba y a la izquierda de la boca, tatuaje de una rosa en el cuello.

Actividad 21: *Answers will vary. Remember to check subject-verb, article-noun, and adjective-noun agreement.*

Actividad 22: *Answers will vary. All should begin with* Me gustaría + *infinitive.*

Actividad 23: *Answers will vary. All should begin with* Quisiera.

Actividad 24: *Answers will vary. First-column responses begin with* **Tengo que** + *infinitive; second-column responses begin with* **Tiene que** + *infinitive.*

Actividad 25: *Answers will vary.*

Actividad 26: *Answers will vary but should begin as follows:* 1. Mi especialización es .../No sé todavía. 2. Me gustaría ser ... porque ... 3. No me gustaría ser ... porque ... 4. Quisiera vivir en ... porque ...

Actividad 27: los, la, la, El, una, la, la, los, los, los, unos, Una, un, La, una, un, El, las.

Actividad 28: **Parte A:** *Answers will vary.* **Parte B:** *Answers will vary. Remember to check subject-verb, article-noun, and adjective-noun agreement.*

Capítulo 2

Actividad 1: *Answers will vary.*

Actividad 2: Párrafo 1: nos ocupamos, nos aburrimos, me divierto, nos sentimos, se ríe. Párrafo 2: se ríe, se equivoca, se queja, darse. Párrafo 3: me quejo, se interesa, se acuerda, se ocupa, me siento. Párrafo 4: nos reunimos, nos vamos, nos quejamos. Párrafo 5: me olvido, Te acuerdas, te reúnes, me doy.

Actividad 3: *Sentences will vary but should begin as follows:* 1. se divierten, Nos divertimos ... 2. se reúnen, Nos reunimos en ... 3. se interesan, Nos interesamos por ... 4. van, Vamos a ... 5. se quejan, Nos quejamos de ... 6. se sienten, Nos sentimos ... porque ...

Actividad 4: **Partes A, B:** *Answers will vary.*

Actividad 5: *Answers will vary.*

Actividad 6: 1. Los actores están maquillándose/se están maquillando. 2. Los músicos están tocando una canción. 3. La gente de taquilla está vendiendo entradas. 4. Los camareros del bar están sirviendo bebidas. 5. El público está leyendo el programa. 6. Los actores están vistiéndose/se están vistiendo. 7. El crítico está sacando un cuaderno y un bolígrafo.

Actividad 7: *Answers will vary.*

Actividad 8: *Answers will vary.*

Actividad 9: 1. deshecha, 2. descompuesto, 3. resueltos, 4. abierta, 5. dispuesto, 6. preparada.

Actividad 10: 1. Mis padres están frustrados. 2. Mi padre siempre está bien vestido. 3. La tienda está abierta después de las 9:00. 4. La tienda está cerrada después de las 7:00. 5. Las cosas más caras están puestas cerca de la puerta. 6. La computadora siempre está rota. 7. Las compras están envueltas en papel con el logotipo de la tienda.

Actividad 11: **Parte A:** *Answers will vary according to your opinions.* **Parte B:** *Answers will vary. Remember to carefully check adjective-noun agreement.*

Actividad 12: 1. calzoncillos, chaleco, sostén; 2. chaleco, frac, vestido de fiestas; 3. botón, cremallera, cuello, solapa; 4. cordones, suelas.

Actividad 13: *Answers will vary.*

Actividad 14: *Answers will vary; samples:* 1. Sí, (No, no) paro para mirar vitrinas. 2. La calidad/La marca es más importante cuando compro ropa. 3. La compro enseguida./No la compro enseguida; espero las rebajas. 4. Sí, siempre/muchas veces/normalmente/a veces compro ropa que está de moda. 5. Me emociona más comprar una prenda bonita/obtener una ganga. 6. Suelo comprar ropa de catálogos./Tengo que probarme la ropa primero, por eso no compro mucha ropa de catálogos. 7. Combino bien la ropa./Necesito ayuda porque no combino bien la ropa. 8. Sí, llevo alguna prenda que está pasada de moda pero que me gusta./No, no llevo ninguna prenda que está pasada de moda.

Actividad 15: *Answers will vary.*

Actividad 16: *Sample answers:* 1. Vicki es mayor que Maribel./Maribel es menor que Vicki. 2. Maribel es más eficiente que Maribel. 3. Vicki es mejor con los clientes que Maribel. 4. Vicki escribe más rápidamente que Maribel. 5. Maribel gana tanto (dinero) como Vicki. 6. Maribel trabaja tantas horas como Vicki. 7. Maribel está dispuesta a trabajar más horas extras que Vicki.

Actividad 17: *Sample answers:* 1. Costa Rica (CR) es más grande que El Salvador (ES). 2. ES tiene más habitantes que CR./CR tiene menos habitantes que ES. 3. ES tiene más mestizos que CR. 4. ES tiene más indígenas que CR. 5. CR tiene más blancos que ES. 6. ES tiene menos negros que CR. 7. CR tiene más asiáticos que ES. 8. CR tiene más católicos que ES. 9. ES tiene más personas que no saben leer que CR./CR tiene más personas que saben leer que ES.

Actividad 18: **Partes A, B:** *Answers will vary.*

Actividad 19: **Parte A:** 1. Estudio más/menos de lo esperado para mis clases. 2. Trabajo más/menos de lo normal durante las vacaciones. 3. Gasto más/menos de lo común en ropa. 4. Voy a fiestas más/menos de lo normal. 5. Pido pizza más/menos de lo común. **Parte B:** *Answers will vary.*

Actividad 20: *Answers will vary.*

Actividad 21: *Answers will vary. Remember to check adjective-noun agreement. Use* **más/menos ... que** *when comparing two people; use* **el/la más/menos ... de la familia** *when discussing more than two people; use* **tan ... como** *when making a comparison of equality. Remember not to use* **más/menos** *with irregular forms like* **mejor** *or* **peor**.

Actividad 22: *Sample answers:* 1. ... ofrece las mejores actividades culturales (de las tres ciudades). 2. ... es la más costosa para vivir (de las tres ciudades). 3. ... tiene el mejor sistema de transporte público (de las tres ciudades). 4. ... tiene los mejores restaurantes étnicos (de las tres ciudades). 5. ... tiene las mejores tiendas (de las tres ciudades).

Actividad 23: *Sample answers:* 1. Cuál, Argentina es más grande que Ecuador. 2. Qué, Es una chaqueta y se lleva cuando hace mal tiempo. 3. Cuál, Panamá tiene un canal. 4. qué, Está en Madrid. 5. cuáles, La línea imaginaria del ecuador pasa por Ecuador, Colombia y Brasil. 6. Qué, En Puerto Rico usan el dólar norteamericano. 7. Qué, **Mestizo** significa una persona que tiene sangre blanca (europea) e indígena. 8. Qué, La mayoría de los hispanoamericanos son católicos. 9. Cuál, *Answer will vary.*

Actividad 24: *Answers will vary. Remember to check subject-verb agreement, article-noun agreement, and adjective-noun agreement. Also check to see whether you have included too many obvious subjects or subject pronouns; delete any that you feel are repetitive.*

Capítulo 3

Actividad 1: 1. A, 2. D, 3. C, 4. B, 5. A, 6. A, 7. B, 8. D, 9. A.

Actividad 2: Nació, Nació, Se casaron, iniciaron, unieron, Nació, conquistaron, expulsó, financió, Se casaron, Murió, Subieron, Murió, se volvió, asumió, Contrajo *(conjugated like* **traer***)*, Murió

Actividad 3: 1. atacó, 2. ganó, 3. jugó, 4. compitieron, 5. recibió, 6. empezó, 7. se retiró, 8. nombró. *(Stem-changing verbs ending in* **-ar** *and* **-er** *have no changes in the preterit. Stem-changing verbs ending in* **-ir** *have a change only in the third-person preterit forms; this is the second change noted in the vocabulary list entries:* **competir [i, i]***)*.

Actividad 4: *Answers will vary; sample verb forms:* 1. busqué, discutí, vi, toqué, comí, entregué, sufrí me enfermé; 2. gané, viví, comencé, empecé/dejé, viajé, alquilé, asistí.

Actividad 5: *Answers will vary; sample verb forms:* 1. me quedé, se quedó; 2. mentí, mintió; 3. hice, hizo; 4. traje, trajo; 5. conocí, conoció; 6. supe, supo; 7. no pude, no pudo; 8. me divertí, se divirtió.

Actividad 6: *Answers will vary.*

Actividad 7: **Parte A:** *Answers will vary; all should be in the preterit.* **Parte B:** *Answers will vary. Did you overuse the pronoun* **yo***? If so, delete the extra pronouns.*

Actividad 8: *Answers will vary.*

Actividad 9: *Answers will vary; samples:* 1. aztecas, griegos, incas, mayas, romanos; 2. aztecas, griegos, incas, ingleses, portugueses, romanos; 3. griegos, ingleses, portugueses; 4. aztecas, griegos, incas, ingleses, portugueses, romanos; 5. griegos, ingleses, portugueses.

Actividad 10: *Answers will vary.*

Actividad 11: 1. Pasteur descubrió la existencia de microorganismos. 2. Marconi inventó el telégrafo. 3. Newton descubrió la gravedad. 4. Einstein inventó la teoría de la relatividad. 5. Bell inventó el teléfono.

Actividad 12: *Answers will vary; samples:* 1. Los clérigos españoles fundaron misiones en el continente americano. 2. Los conquistadores explotaron a los indígenas. 3. Los ingleses colonizaron la India. 4. Los moros invadieron la Península Ibérica. 5. Los portugueses exploraron Brasil. 6. Las tropas rusas liberaron a la gente en Auschwitz.

Actividad 13: *Answers will vary depending on the year in which you are taking this course.* 1. inició, Hace ... años que la corona española inició la Inquisición. 2. llegó, Hace ... que Magallanes llegó a las Islas Filipinas. 3. inició, Hace ... años que inició la exploración de Texas. 4. liberó, Hace ... años que Bolívar liberó Venezuela. 5. logró, Hace ... años que Guinea Ecuatorial logró su independencia total.

Actividad 14: *Sample answers:*

1. — ¿Quieres comer albóndigas con papas esta noche?
   — No, ayer ya las había comido en casa de Jorge y, cuando llegué a casa de la abuela, las sirvió también.
   — Bueno, esta noche tienes que comerlas o salir forzosamente al mercado a comprar algo.
2. — ¿Cuándo vas a terminar la redacción?
   — La estoy terminando/Estoy terminándola ahora mismo.
   — ¿Para cuándo la quiere la profesora Zamora?
   — Creo que (ella) dice que la quiere para el viernes. Antes de entregarla, voy a llamar a Gloria para oír su opinión. (Ella) siempre lee mis redacciones y las comenta.

Actividad 15: *Answers will vary.* 1. ... me llaman más por teléfono que ... 2. ... me invitan a salir más que ... 3. ... me conocen mejor que ... 4. ... me critican sin ofenderme más que ... 5. ... me respetan más como individuo que ...

Actividad 16: 1. XX (iniciales) me quiere más que nadie en el mundo. 2. XX quiere visitarme (me quiere visitar) en este momento. 3. XX me va a invitar (va a invitarme) a salir este fin de semana. 4. XX me está buscando (está buscándome) ahora mismo y no me puede localizar.

Actividad 17: **Parte A:** 1. No, no/Sí, nos saludó. 2. No, no/Sí, nos vigiló ... 3. No, no/Sí, nos atendió con cortesía. 4. Nos atendió con eficiencia./Nos hizo esperar. **Parte B:** *Answers will vary.*

Actividad 18: 1. John H. Loud, 2. sus primeros modelos, 3. Los sucesivos diseños, 4. las bolas (de rodamientos), 5. los bolígrafos.

Actividad 19: **Partes A, B:** *Answers will vary.*

Actividad 20: **Parte A:** *Answers will vary.* 1. Tenía ... años cuando empecé a ... 2. Tenía ... años cuando mis padres me dejaron ... 3. Tenía ... años cuando pasé ... 4. Tenía ... años cuando alguien me habló ... 5. Tenía ... años cuando un/a chico/a me besó ... 6. Tenía ... años cuando mis padres me permitieron ... 7. Tenía ... años cuando abrí ... 8. Tenía ... años cuando conseguí ... **Parte B:** *Answers will vary.*

Actividad 21: *Answers will vary.*

Capítulo 4

Actividad 1: **Parte A:** *Answers will vary.* 1. Ayer a las nueve y cuarto estaba ... 2. Ayer a las una menos veinte estaba ... 3. Ayer a las cinco y media de la tarde estaba ... 4. Ayer a las nueve y cuarto de la noche estaba ... **Parte B:** *Answers will vary.*

Actividad 2: 1. La cajera vendía/estaba vendiendo cheques de viajero mientras el recepcionista contestaba/estaba contestando el teléfono. 2. Un empleado comía/estaba comiendo un sándwich mientras su compañera preparaba/estaba preparando un informe. 3. Un empleado hacía/estaba haciendo fotocopias mientras otro empleado calmaba/estaba calmando a un cliente histérico. 4. El director entrevistaba/estaba entrevistando a un posible empleado mientras una cliente recibía/estaba recibiendo información sobre viajes.

Actividad 3: 1. El lunes, mientras intentaba/estaba intentando sacar dinero de un cajero automático, la máquina comió su tarjeta. 2. El martes, mientras manejaba/estaba manejando al trabajo, el motor empezó a quemarse. 3. El miércoles, mientras subía/estaba subiendo al autobús, se cayó y se rompió la pierna derecha. 4. El jueves, mientras comía/estaba comiendo en la cama del hospital, el paciente de al lado sufrió un ataque cardíaco. 5. El viernes, mientras volvía/estaba volviendo a casa en taxi desde el hospital, tuvo un accidente de tráfico y se rompió la pierna izquierda.

Actividad 4: 1. Algunas personas bajaban/estaban bajando en ascensores y se quedaron atrapados. 2. Algunas personas miraban/estaban mirando una película en el cine y no pudieron ver el final. 3. Un cirujano operaba/estaba operando a un paciente y tuvo que conectar el sistema eléctrico de emergencia. 4. Algunas personas viajaban/estaban viajando en metro y tuvieron que tomar el autobús. 5. Algunas personas dormían/estaban durmiendo y no supieron que ocurrió hasta el día siguiente. 6. *Answers will vary.*

Actividad 5: *Answers will vary. The first paragraph should refer to past habitual actions and use the imperfect. The second paragraph should refer to present actions and use the present indicative. Avoid repeating* **mi madre;** *delete this phrase when obvious, substitute* **ella,** *or just use a verb without a subject pronoun.*

Actividad 6: *Answers will vary.*

Actividad 7: *Answers will vary.*

Actividad 8: Párrafo 1: Había, tenían, se llamaba, tenía, pidió, dijeron, bajó, decidió. Párrafo 2: admiraban, pusieron, era, molestaba, eran, sabía, subía, rezaba. Párrafo 3: dieron, enseñó, construyó, se hicieron, se sentía, quería. Párrafo 4: estaba, se quedó, tuvo, caminaba, vio, pareció, estaban, notó, entraban, llevaban, guardaban. Párrafo 5: se despertó, se levantó, caminó, esperaba, vio. Párrafo 6: pidió, se convirtió, pudo, salió, tomó, llevó, llegó, quiso, puso. Párrafo 7: salió, descubrió, comprendió, era, tenían.

Actividad 9: *Answers will vary.*

Actividad 10: *Answers will vary; sample:* Párrafo 1: Ramón asistió a una academia militar de joven. Ahora es capitán en la fuerza aérea de su país. Se puso muy contento el año pasado cuando su esposa tuvo una niña. Párrafo 2: Víctor sufrió un accidente de moto y perdió la vista. Ahora es ciego y se hizo famoso al ganar un maratón en 1995 siendo ciego. Párrafo 3: Marisel siguió una carrera de negocios internacionales y ahora es muy activa en la Asociación de Mujeres Ejecutivas (AME). Fue presidenta de la AME por tres años entre 1990 y 1993. Estaba/Estuvo encantada al recibir el Premio Nóbel de Economía en 1994.

Actividad 11: *Answers will vary.*

Actividad 12: *Answers will vary.* 1. Me aburro cuando ... 2. Me enojo cuando ...

Actividad 13: *Answers will vary.*

Actividad 14: 1. Se puso borracha. 2. Se puso histérico y furioso. 3. Se volvió ciega. 4. Nos pusimos contentos.

Actividad 15: 1. Llegó a ser senador federal. 2. Se volvió loco. 3. Se hizo/Llegó a ser muy respetada profesionalmente. 4. Se puso feliz. 5. Se convirtió al evangelismo.

Actividad 16: **Partes A, B:** *Answers will vary.*

Actividad 17: *Answers will vary.*

Actividad 18: 1. Estás, está, está; 2. está, es, están; 3. Está/Estaba, estaba; 4. estoy; 5. Está, está.

Actividad 19: son, son, es, son, son, estaba/estuvo *(depends on speaker's point of view: preterit = defined time period, imperfect = description)*, es, estaba/estuvo, estaban, estabas, estoy/estaba, están.

Actividad 20: nos, le, nos, le, me/nos, me, les, les, nos, nos.

Actividad 21: *Answers will vary.*

Actividad 22: **Parte A:** Párrafo 1: nació, era/es, hablaban, era, trabajaba, recogían, exportaban, pasaban, cultivaban, pagaban, eran, trataban, murió. Párrafo 2: tenía, eligieron, se fue, empezó, iba, controlaban. Párrafo 3: iban, comenzó, ocurrió. Párrafo 4: empezaron, llegó, llamaron/llamaban, querían. Párrafo 5: arrestaron, torturaron, miraban, tenía, murió, raptaron, mataron, dejaron. Párrafo 6: tuvo, estaban, sabía, iban, huyó, empezó, llegó, reconocieron, ganó. **Parte B:** *Answers will vary.*

Capítulo 5

Actividad 1: viaje, nos mudemos, empleen, vivir, busquen, pida, pedir, almorcemos, haga, presentar.

Actividad 2: 1. saques, 2. averigües, 3. compres, 4. tengas, 5. saber.

Actividad 3: **Partes A, B:** *Answers will vary. All require the present subjunctive, except for item 2, which needs the infinitive since there is no change of subject.*

Actividad 4: **Partes A, B:** *Answers will vary.*

Actividad 5: **Parte A:** traiga, consiga, trabaje, tener, actúe *(accent needed to break the diphthong)*, gane, me divierta. **Parte B:** *Answers will vary. Remember to use the infinitive if there is no change of subject.*

Actividad 6: *Answers will vary.*

Actividad 7: 1. Te digo que hagas la cama. 2. Te digo que bajes el volumen. 3. Les digo que no molesten a su hermano. 4. Les digo que limpien el baño. 5. Te digo que no le pegues a tu hermano. 6. Les digo que saquen la basura. 7. Te digo que practiques la lección de piano esta noche.

Actividad 8: 1. Nos dice que observemos la clase de un colega y que escribamos una evaluación. 2. Nos dice que cada profesor prepare el examen final para su clase. 3. Nos dice que el examen no tenga más de seis páginas. 4. Nos dice que hagamos dos versiones del examen final. 5. Nos dice que la fecha del examen es el 17 de diciembre. 6. Nos dice que vigilemos a los estudiantes durante el examen porque los alumnos se copian. 7. Nos dice que corrijamos el examen minuciosamente. 8. Nos dice que recibimos/vamos a recibir el último cheque el 15 de diciembre.

Actividad 9: 1. Combatan, tengan, dejen; 2. Rechacen; 3. le pidan; *(object pronouns precede negative commands)*; 4. conduzcan; 5. consuman; 6. coman; 7. Recuerden; 8. Dense *(object pronouns follow and are attached to affirmative commands)*.

Actividad 10: 1. No toquen. 2. No estacionen. 3. No entren. 4. No repartan propaganda. 5. No hablen. 6. No consuman bebidas alcohólicas. 7. No pongan anuncios. 8. No hagan grafiti.

Actividad 11: 1. No coma/Deje de comer comidas picantes. 2. No tome café ni otras bebidas con cafeína. 3. Prepare comidas sanas. 4. No haga actividades que produzcan tensión en su vida. 5. Pase más tiempo con sus amigos y menos tiempo en el trabajo. 6. Camine por los menos cinco kilómetros al día.

Actividad 12: **Parte A:** *Answers will vary. Most verbs will be in the imperfect form to describe habitual and repetitive actions.* **Parte B:** *Answers will vary. All commands will be in the* **Ud.** *form.*

Actividad 13: 1. ¡No lo toques! 2. ¡Dale las gracias a la señora! 3. ¡Pónganse la chaqueta! 4. ¡Ten cuidado porque esto quema! 5. ¡No juegues con la comida! 6. ¡No entregues la tarea tarde! 7. ¡Hazlo ya!

8. ¡Sácate el dedo de la nariz! 9. ¡Escúchenme! 10. ¡Di la verdad y no mientas más!

Actividad 14: 1. Haz la tarea, no salgas a divertirte. 2. Dile mentiras a tu pareja. 3. No te pongas un par de jeans y una camiseta para ir a la fiesta. 4. Hazle favores a Raúl. 5. Ve al trabajo el sábado, no vengas con nosotros a la playa.

Actividad 15: 1. Bájala. 2. No la dejes en el suelo del baño. 3. Límpiala. 4. No fumes en la cocina. 5. Recógelo. 6. Ve a la lavandería. 7. No la saques por la tarde. 8. Sácala por la mañana temprano.

Actividad 16: 1. *formal, plural;* ¡No crucen! 2. *informal, singular;* ¡No metas la mano! 3. *formal, plural;* ¡Pongan las manos en alto! 4. *informal, plural;* ¡No jueguen con fósforos! 5. *formal, plural;* ¡No se acerquen más! 6. *informal, singular;* ¡No lo toques! 7. *informal, singular;* ¡Sal de allí!

Actividad 17: *Answers will vary.*

Actividad 18: *Answers will vary. Sample:* 1. helado, chocolate, galletas *(cookies)*, flan, mango, piña; 2. limón; 3. arroz sólo, pan tostado sin nada; 4. arroz con frijoles, bróculi, carne, huevos, papas fritas, sopa de pollo, pizza, galletas *(crackers)*.

Actividad 19: 1. botella/lata; 2. botella, frasco de plástico, lata; 3. lata, paquete; 4. lata; 5. paquete; 6. frasco de plástico, lata; 7. botella, frasco de plástico; 8. botella.

Actividad 20: 1. la carne por kilo. 2. La leche por litro. 3. las especias por gramos. 4. las verduras por kilo.

Actividad 21: **Partes A, B:** *Answers will vary.*

Actividad 22: Se pone, se calienta, se cortan, Se añade, se pica, Se fríen, se baten, Se agrega, se quitan, se mezclan, Se saca, Se echa, se pone, Se cocina, se reduce, se deja, Se sirve.

Actividad 23: *Answers will vary. Remember to check subject-verb, article-noun, and adjective-noun agreement. In Párrafo 2, remember to use the subjunctive if there is a change of subject; otherwise, use the infinitive. In Párrafo 3, use* **tú** *commands. Remember to place object pronouns before negative commands, but place them after and attached to affirmative commands (note: accents may be needed).*

Capítulo 6

Actividad 1: **Parte A:** 1. estar; 2. cruce; 3. pare, pida; 4. pueda; 5. haya; 6. abuse; 7. vivir; 8. exista; 9. encontrar; 10. deje. **Parte B:** *Answers will vary. Remember, if there is no change of subject, use the infinitive.*

Actividad 2: hagan, haya, votar, explique, paguemos, estén, trabajen, esté, ocurra, solucione.

Actividad 3: **Parte A:** *Answers will vary.* **Parte B:** *Answers will vary. Remember to use the subjunctive after expressions of emotion when there is a change of subject.*

Actividad 4: **Partes A, B:** *Answers will vary.*

Actividad 5: **Partes A, B, C:** *Answers will vary, but all necessitate a change of subject and the use of the subjunctive.*

Actividad 6: *Answers will vary, but all necessitate the use of the subjunctive with* **haber** *+ past participle. Sample:* Es bueno que Edison haya inventado la electricidad.

Actividad 7: **Parte A:** *Answers will vary. Use the preterit to describe occurrences that took place in the past.* **Parte B:** *Answers will vary. Use* **haber** *+ past participle to refer to past events.*

Actividad 8: 1. conocer, hayan regalado, tenga; 2. haya, hayan aprendido, haya; 3. haya funcionado, tenga, tener; 4. tengan, sepan, encanten, aprendan.

Actividad 9: *Answers will vary.*

Actividad 10: *Answers will vary according to current world situations. If you are unsure of answers, ask your friends or consult library sources.*

Actividad 11: **Parte A:** *All should be marked* C. **Parte B:** *Answers will vary.*

Actividad 12: *Answers will begin with* **Me sorprende que/Es una lástima que/No me importa que,** *depending on your opinions.* 1. … un político pague pocos impuestos porque … 2. … haya corrupción en muchos sectores del gobierno porque … 3. … los candidatos presidenciales gasten mucho dinero en su campaña electoral porque … 4. … un político tenga una aventura amorosa porque … 5. … otro país contribuya dinero a la campaña electoral de un candidato porque …

Actividad 13: *Answers will vary. You will most likely need the present subjunctive in your responses, unless you refer to a past occurrence, in which case you would need present perfect subjunctive.*

Actividad 14: **Parte A:** *Order will vary.* **Parte B:** *Answers will vary.*

Actividad 15: 1. establezca, vaya; 2. va, va, dé, pueda/puede; 3. exista, haya existido, miente.

Actividad 16: **Parte A:** *Answers will vary.* **Parte B:** *Answers will vary. Sentences using* **es cierto que, es evidente que, no cabe duda que,** *and* **creo que** *all take the indicative since no doubt is implied. The subjunctive is used after expressions of doubt like* **no creo que, no es posible que,** *and* **no es verdad que.**

Actividad 17: **Parte A:** *Answers will vary. Use the indicative since certainty is implied.* **Parte B:** *Answers will vary. Use the subjunctive since doubt is implied.*

Actividad 18: *Answers will vary. Use the preterit, and perhaps the imperfect, in your responses.*

Actividad 19: *Answers will vary. Use the preterit, and perhaps the imperfect, in your responses.*

Actividad 20: *Answers will vary. Use the relative pronoun* **que** *in all responses.*

Actividad 21: *Answers will vary but will begin as follows:* 1. Un partido en el cual participé ... 2. Un/a profesor/a especial con quien (el/la que) estudié ... 3. Una persona a quien besé ... 4. Un concierto inolvidable que oí ... 5. Un restaurante elegante en el cual (el que) comí ...

Actividad 22: **Parte A:** estén, que, quienes, puedan, tengan, formen, haya construido, haya iniciado, hayan abierto, haya bajado, haya respetado, apoyan, mentir, lo que, poder, la que, debemos, podamos. **Parte B:** *Answers will vary.*

Capítulo 7

Actividad 1: nadie, no/nunca/jamás, algunos, algunos, ninguno, algún, alguien, Nunca/Jamás, nadie.

Actividad 2: **Parte A:** *Answers will vary.* **Parte B:** *Answers will vary. Use* **ningún** or **nadie** *in negative responses.*

Actividad 3: **Parte A:** *Answers will vary.* **Parte B:** *Answers will vary. Samples:* Jamás compro verduras orgánicas./No compro jamás verduras orgánicas. **Parte C:** *Answers will vary.*

Actividad 4: **Parte A:** *Answers will vary; only four should be marked.* **Parte B:** *Answers will vary. Sentences that describe yourself should use the indicative. Sentences that describe the person you are looking for should use the present subjunctive or present perfect subjunctive after expressions like* **busco una persona que, necesito un/a compañero/a que,** *etc.*

Actividad 5: *Verb forms:* 1. sepa, 2. haya estudiado, 3. haga, 4. sea, 5. haya conseguido. *Answers to the questions will vary.*

Actividad 6: 1. ¿Crees que haya mucha gente que sea completamente honrada? 2. ¿Crees que haya padres que no les compren juguetes bélicos a sus hijos? 3. ¿Crees que haya mucha gente que tenga arma en su casa? 4. ¿Crees que haya mujeres de más de 50 años que puedan tener hijos? 5. ¿Crees que haya muchos estudiantes que paguen más de $35.000 al año por sus estudios? *Answers to each question will vary.*

Actividad 7: *Answers will vary. Check subject-verb, adjective-noun, and article-noun agreement.*

Actividad 8: *Answers will vary; all require the present subjunctive.*

Actividad 9: *Answers will vary. Use the present subjunctive to refer to present actions or practices. Use the present perfect subjunctive to refer to past actions or practices.*

Actividad 10: *Verb forms:* 1. tenga, 2. viva, 3. lleve, 4. haya sido, 5. trabaje, 6. esté, 7. se haya graduado. *Answers to the questions will vary. If affirmative, use the indicative; if negative, use* **no hay nadie de mi familia que** + *subjunctive.*

Actividad 11: 1. llegamos *(habitual action)*, 2. se duche *(pending action)*, 3. esté *(pending action)*, 4. quieres *(habitual action)*, tirar *(infinitive needed after the preposition* **hasta***)*.

Actividad 12: *Answers will vary but should begin as follows since actions are pending:* 1. Cuando me gradúe ... *(note accent needed to break diphthong)* 2. Cuando empiece un trabajo nuevo ... 3. Cuando me mude a otra ciudad ... 4. Cuando vea a mis abuelos ...

Actividad 13: *Answers will vary, but should begin as follows:* 1. Voy a tener hijos cuando ... 2. Voy a seguir estudiando mientras ... 3. Voy a trabajar hasta que ... 4. Voy a jubilarme tan pronto como ...

Actividad 14: **Parte A:** *Answers will vary; use the imperfect to describe habitual past actions.* **Parte B:** *Answers will vary; use the present indicative to discuss habitual present actions.* **Parte C:** *Answers will vary; use the present subjunctive to discuss pending actions.*

Actividad 15: 1. ¿Todavía les quedan algunas linternas? Sí, nos quedan algunas. 2. ¿Todavía les quedan algunos sacos de dormir? No, no nos queda ninguno. 3. ¿Todavía les quedan algunas tiendas de campaña? No, no nos queda ninguna. 4. ¿Todavía les quedan algunas navajas suizas? Sí, nos quedan algunas. 5. ¿Todavía les quedan algunas tablas de surf? No, no nos queda ninguna. 6. ¿Todavía les quedan algunas bicicletas de carrera? Sí, nos quedan algunas. 7. ¿Todavía les quedan algunas mochilas? No, no nos queda ninguna. 8. ¿Todavía les quedan algunos carteles de animales en peligro de extinción? No, no nos queda ninguno.

Actividad 16: *Answers will vary. Samples:* 1. acampar, bucear, escalar, hacer alas delta, hacer esquí acuático, hacer surfing, jugar al basquetbol, jugar al béisbol, montar en bicicleta; 2. acampar, escalar, hacer esquí alpino, hacer esquí nórdico, jugar al basquetbol; 3. bucear, hacer esquí acuático, hacer surfing; 4. bucear, hacer esquí acuático; 5. acampar, escalar, hacer alas delta, hacer esquí alpino, hacer esquí nórdico, montar en bicicleta.

Actividad 17: **Parte A:** *All answers should be marked* C. **Parte B:** *Answers will vary.*

Actividad 18: *Answers will vary; use the present subjunctive or the present perfect subjunctive to describe the person you are looking for.*

Actividad 19: 1. Rogelio; 2. Rogelio, la linterna; 3. Rogelio, la linterna; 4. Rogelio y Marcos; 5. Yo (Mariana); 6. la madre (de Mariana), el regalo; 7. la madre (de Mariana), el regalo; 8. Marcos; 9. Marcos, artículo.

Actividad 20: ya los compré; ya se lo mandé; se los pedí; Voy a hacerlo mañana/el sábado/etc.; comprártela; me lo entregaron.

Actividad 21: 1. El que/Quien; 2. Lo que; 3. lo cual; 4. El que/Quien, Quien/El que.

Actividad 22: **Partes A, B, C:** *Answers will vary.*

Capítulo 8

Actividad 1: **Parte A:** *Answer will vary.* **Parte B:** *Answers will vary. Items 1–2 require the present subjunctive; item 3 requires the infinitive, since a preposition is always followed directly by an infinitive.*

Actividad 2: *Answers will vary. Items 1–3 require the present subjunctive; item 4 requires the infinitive.*

Actividad 3: *Answers will vary. Items 1, 2, 4, 6, 7, 9, 11, and 12 require the present subjunctive; items 3, 5, 8, and 10 require the infinitive.*

Actividad 4: *Answers will vary. All require the present subjunctive.*

Actividad 5: *Answers will vary. All require the present subjunctive.*

Actividad 6: **Parte A:** *Answers will vary; all should include the present perfect. Past participles in a verb phrase always end in* **o.** 1. he corrido, 2. he pasado, 3. he tocado, 4. he hecho, 5. me he teñido *(object pronouns precede the conjugated verb)*, 6. he llamado, 7. he escalado, 8. he buceado. **Parte B:** *Answers will vary.*

Actividad 7: *Answers will vary; all contain the present perfect.* 1. ¿Has buscado trabajo en esta universidad alguna vez? Sí/No, nunca ... he buscado ... 2. ¿Has solicitado un puesto de camarero/a alguna vez? Sí/No, nunca ... he solicitado ... 3. ¿Has negociado para conseguir un mejor sueldo alguna vez? Sí/No, nunca ... he negociado ... 4. ¿Has escrito un curriculum para un empleo alguna vez? Sí/No, nunca ... he escrito ... 5. ¿Has trabajado para alguien de tu familia alguna vez? Sí/No, nunca ... he trabajado ... 6. ¿Has obtenido una visa para trabajar en otro país alguna vez? Sí/No, nunca ... he obtenido ... 7. ¿Has tenido un conflicto laboral alguna vez? Sí/No, nunca ... he tenido ... 8. ¿Has mentido para no ir a trabajar alguna vez? Sí/No, nunca ... he mentido ...

Actividad 8: *Answers will vary.* 1. *Answers include* **ya he** + *past participle*; 2. *Answers include* **todavía tengo que** + *infinitive.*

Actividad 9: **Parte A:** *Answers will vary.* **Parte B:** *Answers will vary. Note:* **no creo que, no estoy seguro/a que, es posible que,** *and* **es imposible que** *are all followed by the subjunctive, since doubt is implied.* **Creo que** *and* **estoy seguro/a que** *are followed by the indicative, since certainty is implied.* **Parte C:** *Answers will vary.*

Actividad 10: *Answers will vary.*

Actividad 11: **Partes A, B:** *Answers will vary.*

Actividad 12: **Parte A:** 1. Busco un trabajo que *(+ present subjunctive)* ... Quiero trabajar ... 2. Me gustaría ganar ... 3. No creo que *(+ present subjunctive)* ... / Creo que *(+ indicative.) Answer second and third question only if you said yes to the first.* 4. Va a ser difícil/fácil para mí encontrar el trabajo que quiero. *(Note:* **mí** *has an accent when it follows a preposition)*. Hay ... 5. Voy a buscar el trabajo ... **Parte B:** *Answers will vary. To refer to an action not yet completed, use* **todavía no he** *+ past participle. To refer to a completed action, use* **ya he** *+ past participle.*

Actividad 13: **Partes A, B:** *Answers will vary.*

Actividad 14: *Answers will vary.*

Actividad 15: 1. para, 2. por, 3. por, 4. para, 5. por, 6. para, 7. por, 8. por, 9. para.

Actividad 16: **Parte A:** para/por, por, por, por, para, por, para. **Parte B:** *Answers will vary.*

Actividad 17: 1. por, 2. para, 3. por, 4. para, 5. para, 6. por, 7. para. *Answers to questions will vary.*

Actividad 18: 1. Ana y Pepe se miran. 2. Raúl los mira. 3. Beto se mira. 4. Jorge la besa. 5. Pablo y Paco se abrazan.

Actividad 19: *Answers will vary.*

Actividad 20: me, me, Nos, nos, me, Le, te, le, te, le, me, se, nos, nos.

Actividad 21: **Parte A:** *Answers will vary; all should contain the present perfect (***Nunca he** *+ past participle)*. **Partes B, C:** *Answers will vary. Use the subjunctive after adverbial conjunctions like* **antes de que** *and the infinitive after prepositions like* **para**.

Capítulo 9

While doing this chapter on art, remember that **arte** *always takes the article* **el** *and is frequently modified by a masculine adjective* **(el arte moderno)**, *but that* **artes** *takes the article* **las** *and is modified by a feminine adjective* **(las bellas artes, las artes plásticas)**.

Actividad 1: **Parte A:** recibiera, desarrollara, copiara, entendiera, viera, representaran, conociera, se enfrentara, viera. **Parte B:** *Answers will vary.*

Actividad 2: *Answers will vary.* 1. *present tense.* 2. *present tense (check adjective agreement)*. 3. Goya quería que + *imperfect subjunctive* ... 4. Creo que + *present tense* ... / No creo que + *present subjunctive* ... 5. Creo que + *present tense* ... / No creo que + *present subjunctive* ...

Actividad 3: 1. ponga; 2. haya llegado; 3. diéramos; 4. incluyera, haya hecho/hiciera; 5. sirva; 6. representara.

Actividad 4: 1. ofreciera, 2. diéramos *(note accent)* 3. encuentre, 4. pudieras, 5. asistieran, 6. invites, 7. viajara.

Actividad 5: *Answers will vary. All independent clauses will be in the imperfect:* Mis padres exigían ... *All dependent clauses will be in the imperfect subjunctive:* ... que yo asistiera a la universidad.

Actividad 6: *Answers will vary; all include the imperfect subjunctive.*

Actividad 7: **Parte A:** *Answers will vary.* **Parte B:** *Answers will vary. All independent clauses will be in the imperfect:* Buscaba/Quería una universidad ... *All dependent clauses will be in the imperfect subjunctive:* ... que estuviera cerca de mi casa.

Actividad 8: *Answers will vary.* 1. *imperfect subjunctive,* 2. *present subjunctive,* 3. *imperfect subjunctive,* 4. *present subjunctive,* 5. *imperfect subjunctive,* 6. *present subjunctive.*

Actividad 9: **Parte A:** 1. que su arte educara al público. 2. ... que su arte provocara interés en un tema. 3. ... que su arte criticara las injusticias sociales. 4. ... que su arte entretuviera al público. 5. ... que el arte inspirara la creencia en lo divino. 6. ... que el arte inculcara valores morales. 7. ... que el arte mostrara el camino al cielo. 8. ... que el arte les llevara la palabra de Dios a los analfabetos. 9. ... que el arte sirviera de propaganda. 10. ... que el arte no contradijera su ideología. 11. ... que el arte glorificara hechos históricos. 12. ... que el arte inspirara actos patrióticos. **Parte B:** *Answers will vary.*

Actividad 10: pensaba, sabía, iban, podía, había invitado, había llamado, había encontrado, había dejado, iba, dudaba, fuera, era, tuviera.

Actividad 11: 1. Dijo que no quería que le dijeras lo que tenía que hacer. 2. Insistó en que no lo criticaras tanto delante de otras personas. 3. Exigió que te ocuparas más de tus proyectos. 4. Dijo que era preciso que no tardaras tanto tiempo en comer. 5. Dijo que no quería tomar mensajes personales para ti.

Actividad 12: **Parte A:** 1. preguntó, 2. preguntó, 3. preguntó, 4. preguntó, 5. pidió, 6. pidió, 7. pidió, 8. pidió. **Parte B:** 1. gustaba, 2. fascinaba, 3. había estudiado, 4. quería, 5. prestara.

Actividad 13: 1. b, 2. f, 3. g, 4. e, 5. d, 6. a, 7. c.

Actividad 14: *Answers will vary.*

Actividad 15: *Answers will vary.*

Actividad 16: *Answers will vary.*

Actividad 17: *Answers will vary.*

Actividad 18: *Answers will vary.*

Actividad 19: 1. El cuadro *Las meninas* fue pintado por Velázquez. 2. *La piedad* fue esculpida por Miguel Ángel. 3. Las esculturas del Parque Güell en Barcelona fueron creadas por Antonio Gaudí. 4. El mosaico gigantesco de la Biblioteca de la Universidad de México fue hecho por Juan O'Gorman.

Actividad 20: 1. Por un lado, por el otro; 2. por causalidad; 3. por si acaso; 4. por lo menos; 5. Por cierto.

Actividad 21: *Answers will vary.*

Capítulo 10

Actividad 1: **Parte A:** *Answers will vary.* **Parte B:** *For all items marked* **sí/no** *in Parte A, use the future tense in responses:* trabajaré, viviré, haré, tendré, participaré, dedicaré. *For all items marked* **es posible**, *use* **es posible que** *followed by present subjunctive:* que trabaje, que viva, que haga, que tenga, que participe, que dedique *(verbs ending in* **-car** *change* **c** *to* **-qu** before **e** *to preserve the hard* **c** *sound)*.

Actividad 2: **Parte A:** 1. Juan no comerá comidas altas en calorías. 2. Paulina encontrará trabajo. 3. Julián dejará de fumar. 4. José Manuel se irá de la casa de sus padres y buscará un apartamento. 5. Josefina mejorará su vida social y hará nuevos amigos. 6. Jorge dirá siempre la verdad. 7. Marta irá más al teatro. 8. Angelita comerá menos en restaurantes y así podrá ahorrar más dinero. **Parte B:** *Answers will vary. Use the future tense.*

Actividad 3: *Answers will vary. Sample verb forms:* 1. verán, tendrán; 2. mandarán, tardarán; 3. llevarán; 4. pagarán; 5. usarán; 6. se harán.

Actividad 4: **Parte A:** *Answers will vary.* **Parte B:** *Answers will vary. Use the future tense.*

Actividad 5: *Answers will vary. Use the future tense to indicate certainty after* **es obvio que, es claro que, es verdad que, creo que, estoy seguro/a que.** *Use the present subjunctive to indicate doubt after* **es posible que, es probable que, temo que, no es verdad que, dudo que.**

Actividad 6: 1. Carmen iría a ver al jefe de departamento y se quejaría. Sara aceptaría la nota y no haría nada. Yo ... 2. Carmen sacaría el dinero y la dejaría allí. Sara robaría el dinero, pero llamaría a la persona que la perdió para devolverle el resto del contenido. Yo ... 3. Carmen compraría un gato casi igual y no le diría nada. Sara diría que otra persona lo mató. Yo ...

Actividad 7: *Answers will vary. Use the conditional.*

Actividad 8: *Answers will vary. Each piece of advice should begin with* **Yo que tú** + *conditional.*

Actividad 9: *Answers will vary. Samples:* ¿Me podrías hacer un sándwich? / Querría que me hicieras un sándwich. / Me gustaría que me hicieras un sándwich.

Actividad 10: **Parte A:** *Answers will vary depending on what time you did the assignment. Samples:* Es la una de la mañana. / Son las dos de la tarde. **Partes B, C:** *Answers will vary. Use the future of probability.*

Actividad 11: *Answers will vary. Use the future of probability; use the verb* **estar** *to state where a person is.*

Actividad 12: **Parte A:** *Answers will vary.* **Parte B:** *Answers will vary. Use the conditional.*

Actividad 13: *Answers will vary since times are not exact.*

Actividad 14: *Answers will vary. Sample:* 1. Pro: Los profesores en muchas guarderías tienen títulos universitarios y los niños aprenden mucho. *If you use a phrase to express your opinion, remember: Use the indicative after expressions of certainty like* **creo que,**

estoy seguro/a que, es obvio que, es verdad que; *use the present subjunctive after expressions of doubt like* **no creo que, no estoy seguro/a que, no es verdad que.**

Actividad 15: *Answers will vary.*

Actividad 16: *Answers will vary.*

Actividad 17: *Answers will vary.*

Actividad 18: *Answers will vary. All should be in the conditional.*

Actividad 19: *Answers will vary; use the conditional. All justifications will, most likely, use the present indicative; use* **ser** *+ adjective to describe what you are like.*

Actividad 20: **Parte A:** *Answers will vary.* **Parte B:** *Answers will vary. Use* **si** *+ imperfect subjunctive, followed by the conditional. Sample:* Si yo fuera Robin Williams, haría una película dirigida por Pedro Almodóvar.

Capítulo 11

Actividad 1: **Parte A:** 1. El hombre habrá llegado a Marte. 2. El dinero tal como lo conocemos hoy, habrá dejado de existir. 3. Todo el mundo habrá comprado un teléfono celular. 4. Nosotros habremos instalado paneles de energía solar en todos los edificios y casas. 5. Habremos dejado de recibir las cartas por correo. **Parte B:** *Answers will vary.*

Actividad 2: *Answers will vary. Use* **habré** *+ past participle.*

Actividad 3: *Answers will vary, beginning as follows and ending with the preterit or imperfect:* 1. Paco habría ido a clase en toda la semana pasada, pero ... 2. Margarita e Isabel se habrían presentado para el examen, pero ... 3. Carlos habría aprobado el examen, pero ... 4. Olga habría entregado su trabajo escrito a tiempo, pero ... 5. Jorge habría ido a la oficina de su profesora, pero ...

Actividad 4: 1. Si (yo) hubiera pasado más tiempo con él, nosotros nos habríamos comunicado mejor. 2. Si (yo) lo hubiera escuchado, habría sabido cuáles eran sus problemas. 3. Si (yo) hubiera sabido cuáles eran sus problems, le habría pedido ayuda a un psicólogo. 4. Si (yo) le hubiera pedido ayuda a un psicólogo, no habría pasado todo eso.

Actividad 5: *Answers will vary.*

Actividad 6: *Answers will vary.*

Actividad 7: 1. hubiera prohibido, habría bailado; 2. hubiera sufrido, habrían tenido; 3. se hubiera escapado, habría muerto.

Actividad 8: **Parte A:** *Answers will vary. Use the preterit or imperfect.* **Parte B:** *Answers will vary; sample:* Si yo hubiera sido Abraham Lincoln, no habría ido al Teatro Ford esa noche.

Actividad 9: **Partes A, B:** *Answers will vary.*

Actividad 10: **Parte A:** Sample answers: 1. Con zapatos Nike Ud. correrá como si tuviera alas. 2. Crest le dejará los dientes como si fueran perlas. 3. En el restaurante El Inca Ud. cenará como si estuviera en Perú. 4. En el Hotel Paz Ud. dormirá como si fuera un bebé. 5. Con el curso Kaplan Ud. aprobará su examen como si fuera Einstein. 6. En el club Planeta Ud. escuchará salsa como si estuviera en el Caribe. 7. En los cines de IMAX Ud. sentirá como si fuera parte de la película. **Parte B:** *Answers will vary. Use* **como si** *+ imperfect subjunctive in your ads.*

Actividad 11: *Answers will vary. Use* **como si** *+ imperfect subjunctive.*

Actividad 12: **Partes A, B, C:** *Answers will vary.*

Actividad 13: 1. ... que fuera pelirroja con pecas. 2. ... que tuviera el tatuaje de una rosa en el brazo derecho. 3. ... que hubiera pasado dos noches en el hotel Gran Caribe el tres y el cuatro de marzo. 4. ... que se hubiera roto el brazo derecho al escaparse. 5. ... que hubiera alquilado un carro de Hertz, con la placa M34 456, el cuatro de marzo. 6. ... que hubiera salido de la ciudad el cinco de marzo.

Actividad 14: 1. un asesinato, 2. cadena perpetua, 3. un secuestro, 4. un soborno, 5. la libertad condicional, 6. los rateros, 7. el terrorismo, 8. las pandillas, 9. la adicción.

Actividad 15: *Answers will vary.*

Actividad 16: *Answers will vary.*

Actividad 17: se me cayeron, se le rompieron, se le cayó, se le había terminado.

Actividad 18: Simón *(intentional actions)*: destruyó, Quemó, tiró, devolvió; Isabel *(unintentional occurrences)*: se le quemó, se le cayó, se le rompió, se le acabó.

Actividad 19: *Answers will vary. Use constructions like:* se me perdió/perdieron ...

Actividad 20: 1. pero, 2. sino, 3. sino que, 4. pero, 5. sino, 6. sino que, 7. pero.

Actividad 21: 1. aunque hubiera; 2. donde quieren; 3. Cómo robaron, como querían; 4. Aunque, dijo, como quiera, Adónde vamos; 5. Dónde te quedaste, donde pudiera.

Actividad 22: *Answers will vary.* Párrafo 1: *Present tense will predominate.* Párrafo 2: *Preterit and imperfect will predominate.* Párrafo 3: **Si** *clauses hypothesizing about the past* (**si hubiera** + *past participle*, **habría** + *past participle*) *will predominate.*

Capítulo 12

Actividad 1: 1. inmigrante, legalmente, tarjeta, residente, ciudadano/a, bilingüe; 2. coyote, frontera, tarjeta, indocumentados, migra, bilingües; 3. bilingüe, ciudadano/a, residencia; 4. refugiado, asilo, asimilándome, nostalgia.

Actividad 2: 1. es, facilitar; 2. conseguir, obtener; 3. Asimilarse, lleva; 4. empleando, mantener; 5. trabajan, contraer, estar; 6. sufren, trabajan, hacen, vivir.

Actividad 3: 1. saqué, estaba, subió, pude/podía, quería, vivieran, conocieron, decidí, trabajé, puedo, soy; 2. llegaron, Eran, se casaron, vivían, hablaban, entendían/entienden, aprendí, hablo; 3. trabajé, limpiaba, Pertenecía, estaba, dormía, llegaron, arrestaron, Fue, vi, hayan matado, tomé, Pude.

Actividad 4: **Partes A, B:** *Answers will vary. Preterit and imperfect will predominate.*

Actividad 5: *Answers will vary. Use present perfect in responses.*

Actividad 6: *Answers will vary. Present perfect and preterit or imperfect will predominate.*

Actividad 7: *Answers will vary. Present tense will predominate.*

Actividad 8: **Parte A:** *Answers will vary.* **Parte B:** *Answers will vary; be sure to justify responses. If you marked* **no** *in Parte A, begin with* **No creo que ... / No es verdad que ...** + *present subjunctive. If you marked* **sí** *in Parte A, begin with* **Creo que ... / Es verdad que ...** + *present indicative.*

Actividad 9: *Answers will vary. Use the conditional to hypothesize.*

Actividad 10: **Parte A:** *Correct your answers as you do Parte B.* **Parte B: Los mexicanos y los méxicoamericanos:** perdió, firmar, se compone, pasó, vivía, era, se convirtieron; llegar, poblar, empezó, necesitaba, llegar, trabajar, ha sido, hubo; empezaron. **Los cubanos y los cubano-americanos:** ha habido, empezó, subió, vinieron, querían, se establecieron, pertenecía *(note: the subject is* **la mayoría***)*, habían trabajado, ayudaron; permitió, Abrió, facilitó, padecía, causó, intentó, volvió, dejó, quería, siguiera, permitió, construyeran, causó, había causado; han podido, es, esperan, abandone, poder, vivir, visitar, nacieron, hablan, se han casado, habrá. **Los puertorriqueños:** se diferencia, son, llegar, perdió, se convirtió, recibieron, necesitaban, había, provocó, continúa *(accent needed to break the diphthong)*. **Parte C:** *Answers will vary; samples include these parts of complete sentences:* 1. un trabajo agrícola; 2. por razones políticas / el régimen de Castro / falta de libertad; alto en Cuba, bajo al llegar a los Estados Unidos; 3. el alto índice de desempleo en Puerto Rico y la falta de trabajadores en las fábricas de los Estados Unidos.

Actividad 11: *Answers will vary. Use the conditional.*

Actividad 12: **Parte A:** *Answers will vary according to your future plans.* **Parte B:** *Answers will vary. Use the future tense. Remember that if you use* **es posible que, es probable que**, *or related expressions, you will need to use the present subjunctive in the dependent clause.*